동화 작가 채인선의
하루 한 장

글쓰기 처방전

지은이 채인선
그린이 정우열 · 권윤주

머리말

　2016년 음력설을 앞두고 몇 해 전에 절판된 《365 글쓰기 다이어리》를 새롭게 펴내게 되어 기쁩니다. 독자들에게 "그 책 어떻게 되었어요? 왜 서점에서 찾아볼 수 없죠?" 하는 질문을 받을 때마다 저도 안타까웠습니다. 독자들의 응원이 모이고 모여 새 출판사와 인연이 닿았고, 이제 이 머리말만 쓰면 곧 인쇄소로 넘겨질 것입니다. 고맙고 뿌듯합니다.

　글을 쓰려는 까닭은 뭘까요? 내가 쓴 글을 펼쳐 보면 어떨 때는 그것이 나의 발자국 같은 느낌이 듭니다. 발자국이 있다는 것은 내가 걸어왔다는 것을 말해 주고, 내가 이렇게 계속 걸어간다는 것을 의미합니다. 그리고 그 발자국을 가만히 들여다보면 나만의 무늬가 있습니다. 그 무늬는 내가 어떤 사람인지, 어떤 생각을 갖고 있는지를 보여 줍니다. 다시 말해 내가 누구인지를 알려 주고 있지요. 부끄러운 일이지만 저는 종종 내가 어떤 사람인지 뿐 아니라 내가 여전히 걷고 있는지, 나에게 과연 다리가 있는지 등이 헷갈립니다. 그럴 때 저를 증명해 주는 것은 제가 쓴 글입니다. 그리고 지금 쓰고 있는 글입니다. 제가 쓰고 있는 글이 유일하게 제가 어떤 사람인지를 정확하게 알려 줍니다. 제가 늘 글을 쓰려고 하는 까닭이 이 때문입니다.

　처방전이란 제목을 떠올린 것은, 요즘 아이들의 삶 역시 때로는 처방이 필요하지 않을까 하는 생각 때문입니다. 내 마음에 대한 처방전, 내 삶에 대한 처방전으로서의 글쓰기……. 이 책을 한 페이지 한 페이지 채우며 나 자신에 대해 내가 스스로 처방전을 쓴다는 느낌을 가져 보면 어떨까요? 마지막 장까지 다 쓰고 나면 한번 죽 넘겨 보아요. 여러분만의 무늬가 담긴 발자국이 페이지마다 확연하게 찍혀 있을 겁니다. 그것이 여러분입니다! 내가 쓰고 있는 글, 그것이 나입니다. 《글쓰기 처방전》에 여러분의 발자국을 꾹꾹 눌러 놓기 바랍니다. 이 책은 여러분이 누구인지를 천년만년 증명해 줄 것입니다.

설날을 며칠 앞둔 2016년 2월,
충주의 시골집에서.

선생님, 글을 잘 쓰고 싶어요! 그런데……

1. 무엇을 써야 할지 막막해요!

365개의 글쓰기 소재를 줄게요. 우정, 가족, 속담, 가치, 감정, 날씨, 계절, 요리, 영화, 동물, 컴퓨터, 책……. 막힘없이 쓸 수 있는 소재를 365일 제시할 테니 시키는 대로 한번 써 보세요.

2. 글쓰기 실력이 늘지 않아요!

글쓰기는 매일 해야 실력이 늘어요. 가끔 해서는 실력이 늘지 않아요. 그래서 글쓰기 실력을 늘리는 데는 매일매일 쓰는 일기만 한 것이 없지요. 매일 넘겨 보는 재미를 주면 포기하지 않고 따라올 수 있겠지요?

3. 일기를 열심히 썼는데도 실력이 똑같아요!

다양한 형식의 글쓰기를 하세요. 그날 하루 있었던 일을 쓰는 생활 일기만 쓰지 말고 편지 일기, 동시 일기, 그림일기, 기행 일기, 관찰 일기, 감상 일기 등 다양한 글을 쓸 수 있도록 도와줄게요.

4. '글'은 잘 쓰는데 '글씨'가 미워요!

손으로 많이 쓰면 글씨체가 예뻐져요. 이 책에 글씨를 쓸 때는 연필을 쥐고 한 자 한 자 또박또박 쓰도록 하세요. 1년 동안 글쓰기를 다 한 다음 첫 장과 마지막 장의 글씨체를 비교해 보세요. 어떻게 변했나요?

이 책의 활용법

1. 이 책을 펼친 오늘이 바로 글쓰기를 시작하는 날이에요. 1월 1일부터 하지 않아도 됩니다.
   오늘 날짜를 찾아서 그날부터 쓰기 시작하세요.
2. 글 쓰는 시간과 장소를 미리 정하세요. 이렇게 하면 밀리지 않고 꾸준히 쓸 수 있습니다.
3. 빈칸을 다 채울 필요는 없어요. 한두 줄이라도 자신의 진정한 느낌과 생각이 들어가 있으면 됩니다.
   길게 꽉 차게 쓴다고 해서 좋은 글이 되는 건 아닙니다.
4. 한 달에 두세 번은 글 쓰는 대신 좋은 글을 감상해요. 시, 동화, 산문 등 함께 읽기에 아름다운 글입니다.
   잘 읽고 마음의 호수에 어떤 그림이 그려지는지 느껴 봅시다.
5. 글 쓰는 공간이 부족하다고요? 그렇다면 보조 공책을 하나 준비하세요. 거기에다 맘껏, 쓰고 싶은 것
   모두 다 적어요.
6. 글쓰기 싫은 날에는 비장의 무기 'Pass!' 스티커를 사용하세요. 글쓰기를 할 수 없거나 하기 싫은 날
   해당 날짜에 붙이기만 하면 그날은 그냥 넘어가도 좋아요.

1월

시작!

월요일	화요일	수요일	목요일	금요일	토요일	일요일	메모

1월 1일   요일

오늘은 새해 첫날입니다. 첫날이니만큼 올 한 해 동안 꼭 이루고 싶은 것을 계획해 보세요. 책 100권 읽기? 또는 이 일기를 다 쓰기?
여기에 새해 계획 세 가지만 적어 보아요. 말로 하는 것보다 글로 적으면 기억하기도 좋고, 볼 때마다 각오를 새롭게 다질 수 있습니다.

1.

2.

3.

이 중에서 이루기 힘들거나 이룰 수 없는 것이 있나 살펴보아요.
아무리 다리가 길어도 한 번에 열 걸음을 갈 수는 없는 법입니다. 자, 다시 한 번 적어 보아요. 이룰 수 있는 것으로. 이루겠다고 결심을 하면서.

1.

2.

3.

계획대로 잘 되었는지는 이 책의 12월 1일에 확인하게 됩니다.

글을 쓰는 것

1월 2일   요일

여러분은 글 쓰는 게 어떤 것이라고 생각하나요?
아래의 예문처럼 '글을 쓰는 것은'으로 시작해서 문장을 완성해 보세요.

글을 쓰는 것은 자기 자신을 표현하는 것이다.
글을 쓰는 것은 자기 자신의 생각에 옷을 입히는 것이다.
글을 쓰는 것은 세상을 알아 나가는 것이다.

글을 쓰는 것은

글을 쓰는 것은

글을 쓰는 것은

글을 쓰는 것은

글을 쓰는 것은

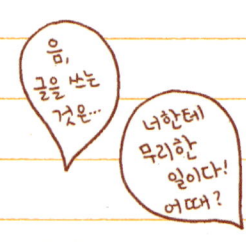

1월 3일   요일

어떤 친구가 자신에 대해 소개하는 글을 썼어요.

이름: 홍길동
성별: 남자
나이: 열세 살
띠와 별자리: 원숭이띠, 사자자리
키: 145cm로 그렇게 크지 않다.
성격: 고집이 무척 세다.
싫어하는 것: 사진 찍기
좋아하는 것: 노래 부르기
형제자매: 동생 한 명

이성 친구: 없다. 있으면 좋겠다.
음식: 마늘을 싫어한다. 하지만 김치는 좋다.
잘하는 것: 태껸
가고 싶은 곳: 남극 대륙
장래 희망: 경찰

자, 이제 여러분 자신에 대해 적어 보세요. 내가 누구인가 생각해 보면서요.

이름:
성별:
나이:
띠와 별자리:
키:
성격:
싫어하는 것:
좋아하는 것:
형제자매:

이성 친구:
음식:
잘하는 것:
가고 싶은 곳:
장래 희망:

속담

1월 4일   요일

시작이 반이다

이 속담은 시작을 했으면 이미 반을 한 것이나 다름없다는 말입니다. 사실 시작하려고 마음먹는 게 어렵지, 일단 시작하면 끝까지 가는 건 그리 어렵지 않아요. 아래 예시처럼 '시작이 반이다'란 말을 써서 짧은 글을 지어 보며 새로운 마음을 가져 보아요.

친구네 집이 멀어 언제 가나 싶었는데, 일단 출발을 하니 거의 다 와 가네. **시작이 반이야.**

그런데 왜 시작이 어려운지, 왜 결심이 잘 안 되는지 한번 생각해 볼까요?

1월 5일   요일

친구는 어떤 사람일까요?

내 얘기를 잘 들어주는 사람? 나와 함께 노는 사람? 비밀을 잘 지키는 사람?

영국 속담에는 '곤란할 때 도와주는 친구가 참된 친구'라는 말도 있지요.

친구란 어떤 사람이어야 할지, 여러분의 생각을 다섯 가지만 적어 보아요.

다섯 가지를 모두 갖춘 친구가 있다면 여러분은 행운아입니다.

친구의 조건

1.

2.

3.

4.

5.

염소

1월 6일   요일

염소는 낯선 사람도 쉽게 따라갈 정도로 호기심이 많다고 합니다. 어떻게 이런 성격을 갖게 되었을까요? 여러분이 그럴듯하게 이야기를 지어 보아요. 염소에게 그 이야기를 들려주어도 좋겠죠. 그러면 염소들은 "아, 우리 할아버지의 할아버지의 할아버지의…… 할아버지에게 그런 일이 있었구나. 그래서 내가 이런 성격을 갖게 되었구나." 하고 고개를 끄덕일 거예요. 그러곤 여러분을 기분 좋게 따라나서겠죠. 그럼 시작해 볼까요?

이야기를 들려주어도 염소가 눈만 끔벅거리며 여러분을 따라나서지 않는다고요? 그렇다면 그럴듯하지 않은 거예요. 다시 잘 고쳐 보아요.

1월 7일   요일

어머니는 머리 염색을 하면서 나도 하고 싶다고 하면 "안 돼!" 합니다.
또 밤늦게 텔레비전을 보면서 나에게는 "안 돼!" 하지요.
아버지는 식사하면서 휴대 전화를 보는데 내가 그러려고 하면 "안 돼!",
밥을 먹다가 남기려고 해도 "안 돼!" 합니다. 이것 말고도 아주 많죠?
'어머니는 하는데 나는 못 하게 하는 것', '아버지는 하는데 나는 못 하게 하는 것'을 각각 다섯 가지씩 적어 볼까요? 다 적고 나서 왜 "안 돼!" 하시는지 이해가 안 가는 것은 어머니, 아버지께 예의 바르게 여쭤 보세요.

어머니는 하는데 나는 못 하게 하는 것

1.
2.
3.
4.
5.

아버지는 하는데 나는 못 하게 하는 것

1.
2.
3.
4.
5.

갈릴레이

1월 8일   요일

1642년 1월 8일은 천문학자 갈릴레이가 세상을 떠난 날이에요. 갈릴레이는 지구가 돈다는 것을 굳게 믿었지만, 생명을 위협하는 성직자들 앞에서 "지구는 돌지 않는다"고 거짓 진술을 했답니다. 하지만 재판정을 빠져나오면서 "그래도 지구는 돈다"고 중얼거렸다는 이야기가 전해지지요. 여러분은 갈릴레이의 행동이 비겁하다고 생각하나요? 아니면 어쩔 수 없는 행동이라고 보나요? 그렇게 생각하는 까닭은 무엇이죠? 자신의 생각을 적어 보아요.

만약에 여러분이 갈릴레이였다면 어떻게 했을까요? 대답하기 곤란한 질문인가요? 그럼, 대답은 하지 말고 여기 적어 두어요. 나중에 생각이 바뀔지도 모르니 연필로 적어요.

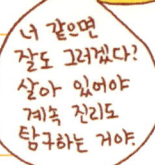

1월 9일   요일

우리가 느끼는 감정에는 어떤 것이 있나요?
아래처럼 떠오르는 대로 감정을 표현하는 낱말을 적어 보세요. 많이 쓴 사람은 그만큼 감정을 잘 느끼는 사람이라고 할 수 있어요. 친구와 함께 적어 보고, 누가 더 많이 썼는지 비교해 보아요.

기쁨, 슬픔, 두려움, 외로움, 공포,

감정을 표현하는 문장도 적어 보아요.

가슴이 두근거리다, 얼굴이 벌게지다, 입술이 비죽 튀어나오다, 머리가 비죽 솟는 듯하다, 가슴이 시리다,

1월 10일   요일   감상

신발

서정주

나보고 명절날 신으라고 아버지가 사다 주신 내 신발을 나는 먼 바다로 흘러내리는 개울물에서 장난하고 놀다가 그만 떠내려 보내 버리고 말았습니다. 아마 내 이 신발은 벌써 변산 콧등 밑의 개 안을 벗어나서 이 세상의 온갖 바닷가를 내 대신 굽이치며 놀아다니고 있을 것입니다.

아버지는 이어서 그것 대신의 신발을 또 한 켤레 사다가 신겨 주시긴 했습니다만, 그러나 이것은 어디까지나 대용품일 뿐, 그 대용품을 신고 명절을 맞이해야 했었습니다. 그래, 내가 스스로 내 신발을 사 신게 된 뒤에도 예순이 다 된 지금까지 나는 아직 대용품으로 신발을 사 신는 습관을 고치지 못한 그대로 있습니다.

《미당 서정주 전집 2: 시》, 은행나무

> 무언가 소중한 것을 잃으면 평생 동안 아쉬움이 남는 법입니다. 명절에 아버지가 사 주신 신발을 잃어버린 글쓴이의 심정을 느끼며 윗글을 찬찬히 읽어 보세요.

1월 11일   요일

오늘은 무슨 요일인가요?

월요일이라면? '**월월**' 서양 강아지 흉내를 내 보세요.

화요일이라면? **화**를 내 볼까요? 화낼 일이 없다면 거울을 보며 화가 날 때의 표정을 지어 보세요.

수요일이라면? '**수**리수리 마수리' 하면서 마술을 해 볼까요? 소매 속에 손수건을 숨겨 두었다 빼내는 것 정도는 할 수 있잖아요.

목요일이라면? **목**이 아픈 흉내를 내 볼까요? 목이 너무 아파 말을 못 한다고 생각하고, 손짓 발짓으로 말해요.

금요일이라면? **금**세 할 수 있는 일을 적어 봐요. 화장실 갔다 오기? 기침?

토요일이라면? **토**끼 흉내를 내며 깡충깡충 뛰어다녀요.

일요일이라면? 1월 11일이 일요일이라면 **일**을 하는 게 좋을 것 같아요. 내가 할 수 있는 일을 찾아봐요. 여섯 가지! 왜냐하면 '1월 11일 일요일'에는 '일'이 여섯 개 있으니까요.

탐욕

1월 12일   요일

운동화, 게임기, 자전거, 인라인스케이트, 새 옷, 휴대 전화…… 늘 갖고 싶은 것이 많죠? 어디서 생겼으면, 누가 선물해 주었으면 하는 물건들을 모두 적어 보세요.

계속 적어 보아요. 더 찾아보세요.

더 없다고요? 그래도 이 페이지를 다 채우세요.

끝까지 채웠나요? 더 갖고 싶은 것이 있다면 빈 종이를 가져와 붙이세요. 그러고 나서 계속 적어요. 더 갖고 싶은 것이 없을 때까지요.

1월 13일   요일

여자 남자

여자로 태어나면 좋은 점이 무엇일까요? 다섯 가지만 적어 볼까요?

1.
2.
3.
4.
5.

남자로 태어나면 좋은 점이 무엇일까요? 다섯 가지만 적어 볼까요?

1.
2.
3.
4.
5.

다음에 여러분은 여자로 태어나고 싶은가요, 남자로 태어나고 싶은가요?
여러분이 결정하세요. 아마도 여러분이 결정한 대로 이루어질 것입니다.

성 역할에 대한 고정 관념이 점점 깨지고 있으니 잘 생각해 봅시다.

1월 14일   요일

일본의 한 시인은 눈사람이 녹는 것을 보며 아래와 같은 시를 지었어요.

눈사람에 대해 나눈 말
눈사람과 함께
사라지네.
　　-마사오카 시키가 지은 하이쿠(일본의 짧은 시)

방에서 책을 읽는데 밖에서 무슨 소리가 들리면 이런 시가 나올 수도 있겠죠.

창밖으로 쿵!
무언가 떨어지는 소리.
지구는 그대로 있네.

자, 마음을 고요하게 하고 가만히 주위를 돌아보아요.
어쩌면 아름다운 문장이 바람결처럼 다가올지 몰라요. 그것을 그냥 지나가게
하지 말고 붙잡아요. 그리고 두 줄이나 세 줄짜리 짧은 시를 지어 보세요.

1월 15일   요일

오르막

크리스티나 로세티

길이 언덕 위로 내내 구불구불하나요?
그래요, 끝까지 그래요.
오늘 여정은 하루 종일 걸릴까요?
아침에 떠나 밤까지 가야 해요, 내 친구여.

그런데 밤에 쉴 곳이 있을까요?
서서히 저물녘이 되면 집 한 채가 있지요.
어두워지면 혹 보이지 않을 수도 있을까요?
그 여인숙은 틀림없이 찾을 수 있어요.

밤에 다른 길손을 만나게 될까요?
먼저 간 사람들을 만나겠지요.
그럼 문을 두드려야 하나요? 보이면 불러야 하나요?
당신을 문간에 세워 두지는 않을 겁니다.

여행에 고달프고 허약해진 몸, 평안을 얻게 될까요?
고생한 대가를 얻겠지요.
나와 찾아온 모든 이들에게 돌아갈 잠자리가 있을까요?
그럼요, 누가 찾아오든 잠자리는 있어요.

> 어두운 밤, 먼 길을 걸어온 나그네가 비로소 따뜻하고 푹신한
> 잠자리를 찾았어요. 그 편안한 마음을 느끼며 이 시를 감상해 보세요.

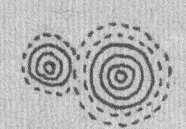

꿈

1월 16일   요일

꿈은 불만족스러운 마음에서 나온다는데, 여러분이 최근에 꾼 꿈 중에서 뭔가 사연이 있을 법한 꿈은 없었나요?
예를 들면 현실에서 친구가 아이스크림 먹는 것을 보고 나도 먹고 싶었는데 꿈에서 마구 먹었다든지, 시험 전날 꿈에서 시험을 보는데 문제가 훤히 보였지만 깨고 나니 아무 기억도 안 났다든지…….
그런 꿈이 있으면 여기 적어 보아요. 꿈은 글쓰기의 좋은 소재가 됩니다.

1월 17일   요일

사람과 색

먼저 여러분이 아는 색깔을 여기 다 적어 보아요.

빨간색, 파란색,

다음에는 가까운 사람들을 다 적어 보아요.

어머니, 아버지,

그러곤 아래와 같이 색깔과 사람을 하나씩 연결해 문장을 써 보아요.

내 동생은 노란색이다.

명랑하고 잘 웃고 무척 솔직하다. 싫증도 잘 낸다.

어머니는

아버지는

내 짝꿍은

나는

그 사람에게 가서 읽어 주어요. 어떤 표정을
짓는지 살펴보아요.

새로 배운 것

1월 18일   요일

하루 동안에도 새로 알게 되는 것들이 있을 거예요. 연필 깎는 법이나 줄넘기하는 법 등. 하나도 없다고요? 하루의 일을 가만히 돌이키며 배운 것들을 찾아내 보아요. 하나가 떠오르면 그다음부터는 줄줄이 생각날 거예요. 뭘 배웠는지 잊어버리지 않으려면 여기 적어 놓는 게 좋겠죠? 차근차근 하나도 빠트리지 않고 죄다 적어 보아요. 꽤 많다는 걸 알게 될 거예요.

별로 없다고요? 걱정 마세요. 내일 배우면 되지요.

내일 배우고 싶은 것을 여기 적어 보아요.

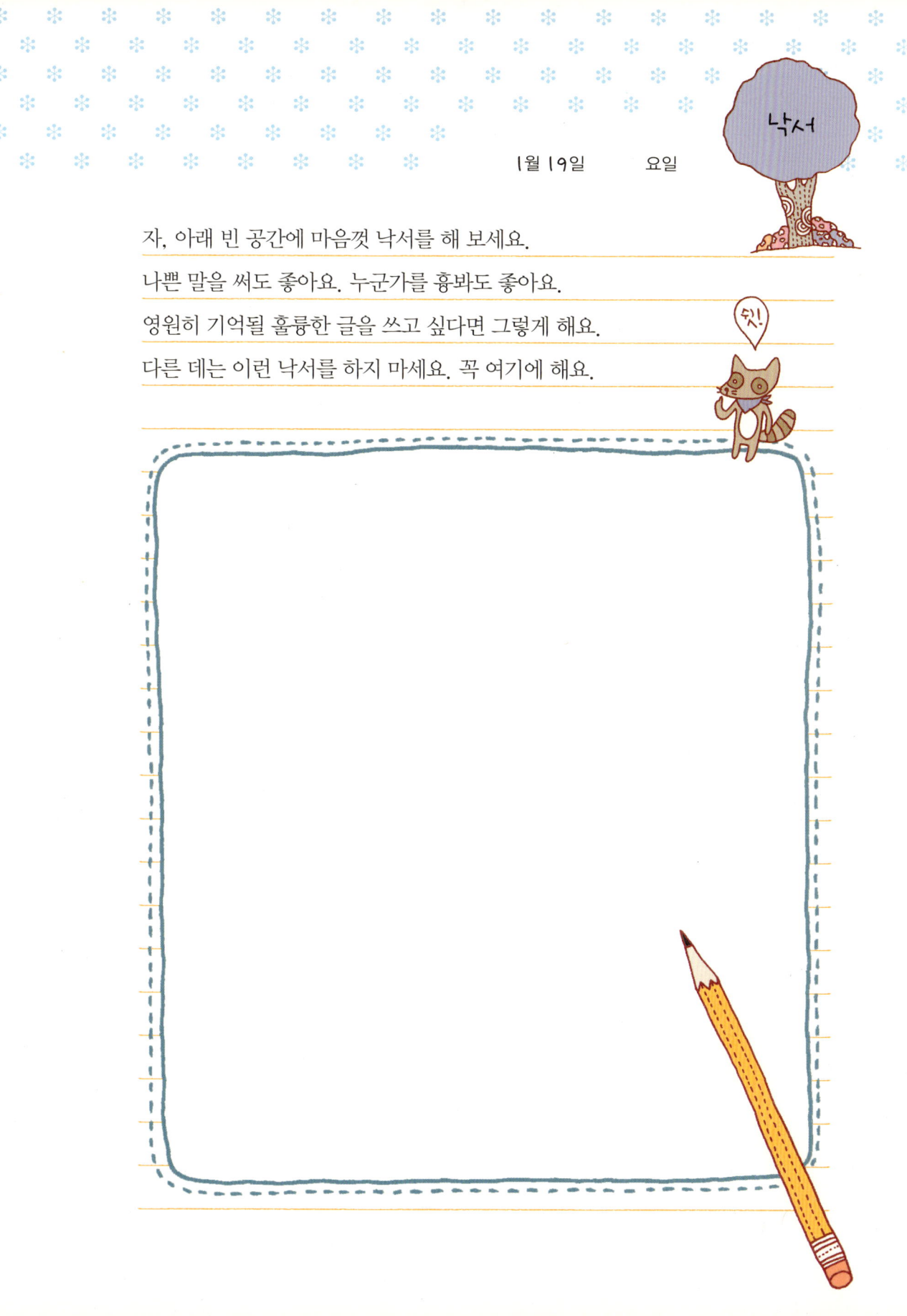

1월 19일   요일

낙서

자, 아래 빈 공간에 마음껏 낙서를 해 보세요.

나쁜 말을 써도 좋아요. 누군가를 흉봐도 좋아요.

영원히 기억될 훌륭한 글을 쓰고 싶다면 그렇게 해요.

다른 데는 이런 낙서를 하지 마세요. 꼭 여기에 해요.

이야기 짓기

1월 20일   요일

이즈음에 '대한'이 있을 거예요. 대한이란 '큰 추위'라는 뜻입니다. 추위를 녹일 수 있는 따끈따끈한 이야기를 지어 볼까요?

'무척 추운 겨울날이었어요. 살을 에는 찬 바람이 사납게 울부짖고 있었어요.'로 시작해서 마지막에는 추위가 달아나 버리는 내용이어야 해요.

아래 낱말을 가지고 이야기를 끌고 나가세요.

생쥐 영감 / 배꼽 / 무지개 젓가락 / 다 떨어진 담요 / 먼지투성이 난로 / 도망간 불씨

이야기 짓는 것, 재미있지요? 몸이 후끈할 정도로 따뜻한 얘기를 또 지어 보아요.

고양이 영감 / 꼬리 / 무지개 숟가락 / 새로 산 꽃무늬 베개 / 연기 나는 굴뚝 / 재 속에 숨어 있는 불씨

1월 21일   요일

여러분은 살면서 언제가 가장 힘들었나요?

그때 겪은 일을 떠올려 보세요. 어쩌면 그때 일을 다시 떠올리고 싶지 않을지도 몰라요. 그렇다면 글로 쓰는 일은 더욱 힘들 것입니다.

하지만 치료받을 때는 원래 쓰리고 따갑잖아요. 치료하는 거라 생각하고 담담하게, 남의 일을 적듯이, 다른 이름으로 써 보세요. 이렇게 쓰다 보면 좀 더 객관적인 입장에서 그때 일을 돌이켜 볼 수 있을 거예요.

결심

1월 22일   요일

'결심이라는 집에서는 다들 잠을 잘 잔다'는 페르시아 속담이 있어요. 어떤 일을 할지 말지 망설이다가 마침내 결심을 하고 나면 마음이 홀가분해진다는 뜻입니다. 오늘 오래도록 망설이다 결심한 것이 있나요? 있으면 여기에 그 사연을 적어 보아요. 무엇을 망설였는지, 어떻게 결심했는지.

아직 결심하지 못했다고요? 그렇다면 지금 결심해요. 망설임이 길어지면 더 결심하기 힘들어요. 아래에 그 내용을 적어, 자신이 결심한 게 무엇인지 확인해요. 그리고 나서 쿨쿨 잠을 자요.

1월 23일　　　요일

아래 인용문에서 '중략'에 들어갈 내용을 여러분이 채워 보세요.
글이 잘 어우러지도록 지어 보세요. 잠깐, 책을 미리 찾아보는 건 반칙이에요!

우리는 귀중한 교훈을 배웠네.
결코, 절대로, 무슨 일이 있어도 아이들을 텔레비전 가까이 내버려 두지 말라는 걸.
그보다 더 좋은 방법은 아예 그 바보 같은 것을 집에 두지 않는 거지.
집집마다 아이들이 입을 헤벌리고 화면만 뚫어지게 쳐다봐.
빈둥빈둥, 어슬렁어슬렁, 어영부영 눈이 툭 튀어나올 때까지.
(중략)
상상력은 생명을 잃어 더 이상 날개를 펼치지 못하고 생각은 꽉 막혀 혼탁해지네!
아이들은 멍청이가 되어 가지! 동화의 세계도 몰라, 환상의 세계도 몰라!
머리는 치즈처럼 흐물거리면서 녹이 슬어 아무 생각도 못 하지!
할 줄 아는 것은 그저 멍하니 쳐다보는 것뿐!

-로알드 달, 《찰리와 초콜릿 공장》, 시공주니어

감동

1월 24일   요일

여러분은 감동이 무엇이라고 생각하나요? 어떨 때 감동을 느끼나요? 아마도 사람마다 감동을 느낄 때가 다를 거예요. 여기 한번 적어 볼까요? 감동을 느꼈던 때를 기억 속에서 불러내 보아요. 그때의 감동이 되살아날 거예요.

감동이란, 아름다운 그림을 보고 가슴이 뭉클해지는 것.
감동이란, 동생이 그동안 모은 돈으로 샀다며 내게 생일 선물을 내밀 때의 느낌.

감동이란,

감동이란,

감동이란,

감동이란,

감동이란,

감동이 무엇인지 알게 되었으니 감동적인 순간들이 더 많이 찾아올 것입니다.

1월 25일   요일

인간은 무엇을 하기 위해 태어났을까요?
어떤 사람은 놀기 위해서 태어났다고 생각하고, 또 어떤 사람은 배우기 위해 태어났다고 생각해요. 여러분은 어떻게 생각하죠? 자신의 생각을 아래 인용문처럼 다섯 가지 적어 보세요.

인간은 생각하기 위해 태어난다.
그러므로 인간은 생각을 하지 않고는 한순간도 살 수 없다.
-파스칼-

1.

2.

3.

4.

5.

어때요? 왜 태어났는지 이제 확실히 알게 되었죠?
태어났으니까 어떻게 살아야 할지도 알았겠죠?

1월 26일　　　　요일

여러분이 꿈꾸는 낙원이나 천국은 어떤 곳인가요?

그곳에서 사람들은 어떻게 살까요? 무엇이 그곳을 낙원으로 만들까요?

그곳은 다른 세계일까요?

낙원, 혹은 천국이 어떤 곳일지 글로 묘사해 보아요.

낙원에 단 한 사람만 데려갈 수 있다면 누구와 가고 싶은가요? 혼자 몰래 생각해 보아요.

1월 27일　　　요일

날마다 보는 물건 중에서 서로 잘 어울리는 것끼리 짝을 지어 볼까요?
연필과 지우개? 가위와 칼? 빗자루와 쓰레받기? 주전자와 프라이팬?
그들의 연애와 결혼 이야기를 써 보세요. 그들은 어떻게 만나서 사랑에 빠졌나요? 누가 먼저 "나랑 결혼해 주세요!" 하고 말했죠?
결혼식은 어땠나요? 결혼식 때 생긴 재미난 일은요?

그들이 서로 아끼고 사랑하면서 영원히 행복하기를…….
그런데 십 년 후, 그들의 사랑에 어떤 일이 생길까요?

기억나는 구절

1월 28일   요일

오늘 읽은 책 중에서 마음에 남는 구절을 여기에 옮겨 보세요.

한 자 한 자 옮겨 적다 보면 그 의미가 마음속에 더 깊이 새겨진답니다.

만약 아직 책을 못 읽었다면 지금 책을 펴 들고 읽으세요.

그리고 그중에서 좋은 구절을 써 보세요.

왜 그 구절이 마음에 남을까요? 내게 어떤 의미를 주고 있을까요?

한번 생각해 보아요.

말실수

1월 29일   요일

"말은 날개가 있지만 생각하는 곳으로 날아가지 않는다."라고 영국의 작가 조지 엘리엇이 말했어요. 이처럼 내가 한 말을 상대방이 잘못 알아들어 당황한 적은 없나요? 오해를 사서 곤란했던 일이 있을 거예요. 말이 생각한 곳으로 날아가지 않은 경우겠죠. 여기 그때의 일을 한번 적어 보아요.

말은 왜 내가 생각한 곳으로 날아가지 못했을까요?
어떻게 말했어야 내가 생각한 곳으로 날아갈 수 있었을까요?

편지

1월 30일   요일

멀리 떨어져 사시는 할머니, 할아버지께 편지를 써 볼까요? 요즘은 손 편지보다 이메일이나 문자를 많이 주고받지만, 마음을 전하는 데는 손 편지가 더 좋습니다. 글씨만 봐도 보낸 사람의 마음을 느낄 수 있으니까요. 아래에 할머니, 할아버지께 보낼 편지를 연습 삼아 써 보세요.

할머니, 할아버지께

1월 31일   요일   선행

오늘 하루 동안 어떤 일을 했나요?

길에 떨어진 휴지를 주웠나요? 그렇다면 남을 위해 아주 좋은 일을 한 거예요.

동생에게 신발을 신겨 주었나요? 그렇다면 동생을 위해 정말 좋은 일을 한 거예요. 그런 좋은 일을 찾아 여기에 적어요. 한 가지 정도는 있을 거예요.

잘했어요! 누가 시키지도 않았는데 그런 일을 했다면 나 자신이 정말 대견스러울 것입니다. 그렇다면 이번에는 다른 사람이 나에게 베푼 선행을 찾아 여기에 적어요. 그때의 느낌도 함께 기록해 두어요.

2월

월요일	화요일	수요일	목요일	금요일	토요일	일요일	메모

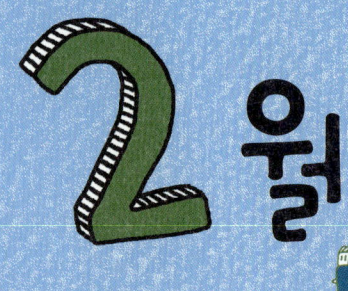

2월 1일 　　　 요일

2월은 28일이나 29일에서 끝나요.

다른 달보다 하루나 이틀이 모자라는 셈입니다. 어떻게 하면 이 모자란 날을 보충할 수 있을까요? 하루를 둘로 나누어 볼까요? 아니면 이틀 동안 해야 할 일을 하루에 다 해 버릴까요? 여러분만의 기발한 생각들을 써 보세요.

머리를 쥐어짜요.

2월 2일   요일

키케로는 지금으로부터 2천 년도 더 전에 살았던 고대 로마의 정치가이자 철학자입니다. 키케로는 '책이 없는 방은 영혼이 없는 몸과 같다'는 명언을 남겼지요. 지금부터 키케로가 눈앞에 되살아나 여러분과 시합을 할 거예요. 어떤 시합이냐고요? '책이 없는 방은'으로 시작해서 그다음 구절을 연달아 지어 보는 것입니다. 시작할까요?

키케로 책이 없는 방은 영혼이 없는 몸과 같다.

나 책이 없는 방은

키케로 책이 없는 방은 연필이 없는 필통과 같다.

나 책이 없는 방은

키케로 책이 없는 방은 밥이 없는 밥상과 같다.

나 책이 없는 방은

키케로 책이 없는 방은 시곗바늘이 없는 시계와 같다.

나 책이 없는 방은

키케로 책이 없는 방은 알이 없는 안경과 같다.

나 책이 없는 방은

기억

2월 3일 요일

아침에 눈을 뜨자마자 가장 먼저 든 생각이나 느낌은 무엇이죠?
배가 고프다는 생각? 아니면 잠자리가 따뜻하다는 느낌? 더 자고 싶다는 느낌?
그 생각이나 느낌 때문에 무엇을 했죠? 배가 고파 얼른 일어나 먹을 것을
찾았나요? 잠자리가 따뜻해 좀 더 누워 있었나요?
필름을 거꾸로 돌린다고 생각하고 아침에 일어나서부터 밥을 먹기 전까지의
일을 적어 보세요. 하나도 빠뜨리지 말고 기억을 되살려 보세요.

2월 4일   요일

이즈음에 봄이 시작되었다는 것을 알리는 '입춘'이 있을 거예요.
옛날부터 입춘이 되면 사람들은 좋은 글귀를 써서 대문 앞에 붙였는데, 이를 '입춘첩'이라고 합니다. 다음은 가장 즐겨 썼던 입춘첩입니다.

立春大吉(입춘대길) 입춘을 맞이해 큰 복이 있어라.
壽如山 富如海(수여산 부여해) 수명은 산과 같이, 재물은 바다와 같이 되어라.
立春大吉 建陽多慶(입춘대길 건양다경) 입춘에 큰 복이 있고, 계절 따라 좋은 일이 많이 생겨라.
天下太平春 四方無一事(천하태평춘 사방무일사) 천하가 태평한 봄이 되고, 사방에 아무 일 없어라.

위의 입춘첩 중에서 가장 마음에 드는 것을 베껴 써 보세요.
한 자 한 자 정성 들여 써야 봄이 빨리 오겠죠?

2월 5일   요일

설날 노래

설날에 부르는 노래 중에 "까치 까치 설날은 어저께고요. 우리 우리 설날은 오늘이래요!" 하는 노래가 있습니다. 오늘은 여러분이 이 노래의 곡조에 맞춰 새로 노랫말을 써 보세요. 여러분만의 설날 노래, 여러분 가족만의 설날 노래를 만들어 보세요. 설날이 되어 가족과 친척들이 모두 모인 가운데 노래를 부르세요. 유쾌한 추억이 될 거예요.

설날 아침 가족들은 차례 지내고
떡국 만둣국 맛난 음식 쩝쩝 먹지요.
먹고 나면 어른들께 세배 드리고
세뱃돈은 얼마일까 두근거려요.

여러 번 읽은 책

2월 6일   요일

두 번 읽은 책이 있나요? 세 번 읽은 책은요?

다 읽은 책을 다시 읽을 때 기분이 어땠나요? 옛 친구를 만나는 기분이었나요?

그런 책이 어떤 책인지, 내용이 어떤지 여기 적어 보아요.

그 책을 되풀이해서 읽는 까닭은 무엇이죠? 전혀 생각해 보지 않았다고요?
그럼 지금 생각해서 아래에 적어요. 다 적고 나면 "아, 그래서 내가 이 책을
자꾸 읽고 싶은 거구나!" 하고 미소 짓게 될 거예요. 두 번 읽을 가치가 없는 책은
어쩌면 한 번 읽을 가치도 없을지 모릅니다.

2월 7일   요일

행복과 불행

어떤 사람은 행복과 불행이 동전의 앞뒷면처럼 함께 붙어 있다고 했어요. 행복 속에도 불행이 있고 불행 속에도 행복이 있다는 뜻입니다. 여러분은 어떻게 생각하나요? 아래 예시로 든 문장을 읽고 같은 요령으로 문장을 써 보아요. 행복과 불행이 서로 맞붙어 있다는 것을 실감하게 될 거예요.

행복은 새 집으로 이사 간다는 것. **불행은** 동생과 방을 같이 써야 한다는 것.
행복은 이모가 나를 보러 우리 집에 놀러 오신 것. **불행은** 내가 지금 자야 한다는 것.

행복 속에도 불행이 있고, 불행 속에도 행복이 있다면 우리는 어떤 태도를 가지는 게 좋을까요? 한번 생각해 보아요.

주문

2월 8일　　　요일

오늘은 마법사처럼 주문을 만들어 보아요.

어머니가 잔소리를 못 하게 하는 주문? 아버지가 일찍 들어오도록 하는 주문?

갑자기 여름이 되는 주문? 형을 잠깐 돌로 만들어 버리는 주문?

아래 주문을 읽어 보아요.

모두 이리 오너라. 내 배를 채워라.

수리수리 마수리, 바다의 맛있는 음식들아.

어서어서 오너라. 안 오면 내가 쫓아가겠다.

맛있는 요리를 갖다 바치라는 주문이죠? 여러분은 어떤 주문을 외고 싶나요?

멋지게 만들어 적어 보아요. 그리고 큰 소리로 외쳐요!

2월 9일   요일

 동사

날이 춥다고 가만히 웅크리고만 있으면 안 돼요.
오늘은 추위를 떨치기 위해서라도 여러 가지 다양한 동사를 떠올려 봐요.
동사는 움직임을 나타내는 낱말입니다. 어떤 것이 있을까요?
아래 빈칸에 떠오르는 대로 채워 보아요.

고함치다		뛰다
	놀다	
헤엄치다		
		쫓아가다
어슬렁거리다		

몸을 뛰놀게 해야 마음도 뛰놀 수 있답니다. 움츠렸던 마음을 쫙 펴요!

2월 10일   요일

우리 속담에 '손톱은 슬플 때마다 돋고, 발톱은 기쁠 때마다 돋는다'는 말이 있어요. 이 말은 슬픔은 손톱이 자라는 것만큼 자주 찾아오지만 기쁨은 그렇지 않다는 뜻입니다. 여러분은 슬픔을 자주 느끼나요?
어떨 때 슬픔을 느끼나요? 어머니가 동생만 챙길 때? 성적이 떨어졌을 때? 친구와 싸웠을 때?
여기 나를 슬프게 하는 것이 무엇인지 다섯 가지만 적어 보세요.

나를 슬프게 하는 것은

나를 슬프게 하는 것은

나를 슬프게 하는 것은

나를 슬프게 하는 것은

나를 슬프게 하는 것은

그럴 때마다 어떻게 하는지도 함께 적어요. 그러면 조금은 덜 슬플 거예요.

2월 11일   요일

나무를 하나 그려요.

그런 다음 나무뿌리를 그리고, 나뭇가지와 나뭇잎을 그리세요.

그리고 작은 벌레를 하나 그려요. 작은 벌레는 나무를 기어가고 있지요.

예쁜 새도 하나 그려요. 새가 뭐라고 짹짹거리는 듯 느껴지게요.

이제 거의 완성되었어요. 공중에 친구 새를 하나 그리면 끝이에요.

자, 벌레 한 마리와 새 두 마리가 무슨 말을 주고받고 있을까요? 말풍선을 그려 그 안을 채워 보세요. 셋의 대화가 길게 이어진다면 글로 길게 써 보세요.

졸업

2월 12일   요일

2월에는 학교마다 졸업식이 열립니다. 졸업식 때는 재학생 대표가 나와서 선배들을 떠나보내는 소감이 담긴 송사를 낭독하고, 그다음으로 졸업생 대표가 후배들과 선생님들을 향해 답사를 낭독하지요. 여러분이 재학생 대표로 송사를 낭독한다면, 무슨 얘길 하고 싶은가요? 미리 연습한다 생각하고 한번 적어 보세요.

자, 이번에는 여러분이 졸업생 대표입니다. 뻔한 이야기 말고 마음껏 재미나게 써 보아요.

2월 13일　　　요일

아래 '날아간다'와 '쫓아간다'가 들어간 문장 중에서 가장 흥미로운 것을 각각 하나씩 선택하세요. 그런 다음, 신선한 재료를 마련한 요리사처럼 맛깔난 이야기를 지어 보세요.

컴퓨터가 날아간다.	책상이 쫓아간다.
돼지가 날아간다.	우체통이 쫓아간다.
밥통이 날아간다.	가위가 쫓아간다.
나무들이 날아간다.	마우스가 쫓아간다.
시계가 날아간다.	숟가락과 젓가락이 쫓아간다.

기다려요, 돼지 씨! 편지 많아요!!

나 밥 먹으러 가야 돼요!

2월 14일   요일

짝사랑하는 친구가 있나요?
갑자기 그 친구를 길에서 마주치거나 버스 안에서 보게 된다면
무슨 말을 해야 할지 당황스럽겠죠? 미리 연습한다 생각하고 적어 보세요.
좋은 인상을 남길 수 있는 멋진 말이어야 해요.
잘 떠오르지 않는다면 드라마 대본을 쓴다고 생각하고 적어 보세요.

나 안녕?
친구
나
친구
나
친구 나, 먼저 간다. 다음에 보자!
나
친구

2월 15일   요일   감상

그들이 말을 건네면

게리 로우리스

동물들이 다가와
우리에게 도움을 청하면
무슨 말을 하는지 알아들을까.
나무와 풀들이 그들의 언어로
우리에게 속삭이면
우리는 대답할 수 있을까.
모래사장이 하얗게 일어나
우리에게 말을 걸면
우리는 무슨 이야기를 할 수 있을까.
잠을 자고 있는데 어느 날
대지가 노래를 부르면
우리는 꿈에서 깨어날 수 있을까.

인간이 자연에서 얼마나 멀어졌는지
느끼며 위 시를 감상해 보세요.

사건

2월 16일   요일

오늘 신문이나 뉴스에서 가장 크게 나온 사건은 무엇인가요?
어떤 일이 벌어졌나요? 사건의 원인은 무엇이죠? 사건의 결과가 나왔나요?
사람들이 그 사건에 대해 어떻게 말하나요? 여러분은 또 어떻게 생각하나요?
그 사건에 대해 정리해 보세요.

같은 방식으로 오늘이나 며칠 전에 우리 집에서 벌어진 사건을 정리해 보아요.
신문 기사처럼 멋지게 써서 식구들에게 발표하세요. 다들 깜짝 놀라겠죠?

2월 17일   요일

원래 고래는 바다에서 살던 동물이 아니었어요.

지금도 뭍에 사는 동물처럼 새끼를 낳아 기르고 수면 위로 떠올라 물을 내뿜으며 숨을 쉽니다. 어떤 사연이 있었던 걸까요? 산신령이 바다로 쫓아낸 걸까요?

아니면 바다에 사는 인어 아가씨를 사랑해 바다로 들어간 걸까요?

재미난 이야기를 지어 보세요. 고래가 다른 바닷물고기들에게

"나도 그럴 만한 사연이 있다고." 하며 떳떳해할 수 있도록 만들어 보아요.

착각

2월 18일   요일

착각이란 어떤 것을 잘못 생각하거나 잘못 아는 것입니다. 이를테면 엄마가 새 옷을 사 와서 내 것인 줄 알고 기뻐했는데, 알고 보니 언니 것! 또는 어떤 남자아이가 나를 잘 대해 주어 내심 기분 좋았는데, 나와 친해지려고 그런 게 아니라 내 짝꿍과 친해지려는 속셈이었다는 것! 이처럼 착각 때문에 일어난 이야기를 적어 보세요. 이런 일들도 나중에 창작을 할 때 다 재료가 됩니다. '위대한 착각', '무서운 착각', '위험한 착각', '즐거운 착각' 중 하나를 제목으로 골라 써 보세요.

혹시 내가 다른 사람에게 착각을 일으키게 한 적은 없었나요? 그렇다면 그건 어떤 착각이었을까요?

2월 19일 　 　 요일

우 수

이즈음에 절기 '우수'가 있답니다. 우수 때는 보통 비가 줄줄 오는데, 이 비는 겨울 마왕의 눈물일지도 몰라요. 곧 자신이 물러나야 한다는 것을 알고 흘리는 눈물 말이에요. 하지만 언 땅을 녹이려면 겨울 마왕이 눈물을 많이 흘려야겠죠?
오늘은 겨울 마왕에게 편지를 써 보아요. 실컷 울고 어서 가라고요. 봄에게 자리를 넘겨주라고 잘 구슬려 보아요.

겨울 마왕에게

자기 암시

2월 20일   요일

곧 새 학년이 시작되는 3월입니다.
어떤 즐거운 일들이 나를 기다리고 있을까요? 앞으로 학교에서 벌어질 일들에 대해 자기 암시를 해 보아요. 자기 암시는 현재형으로 해야 효력이 더 있습니다.

학교에서 가장 맘씨 좋은 선생님이 우리 담임 선생님이 된다.
나는 반에서 인기가 좋다.
나는 밥을 많이 먹어도 살이 안 찐다.
이번 해에 나는 평생의 친구를 얻는다.

원하는 것을 써서 새 학기가 시작될 때까지 날마다 열 번씩 소리 내어 읽어요.

2월 21일   요일

여러분은 부모님을 많이 닮았나요?

눈은 아버지 닮고 입술은 어머니 닮았나요? 밤에 늦게 자는 것은 아버지를 닮고,

아침에 일찍 눈이 떠지는 것은 어머니를 닮았나요?

자, 여기 부모님과 닮은 점, 닮지 않은 점을 적어 보아요. 재미난 사실들을

발견할 수 있을 것입니다.

부모님과 닮은 점	부모님과 닮지 않은 점

끈기

2월 22일   요일

끈기라는 말을 들어 보았죠? 끈기는 어떤 일을 포기하지 않고 끝까지 노력하는 것을 말합니다. 아무리 재능이 있고 운이 따른다고 해도 끈기가 없으면 소용이 없습니다. 여러분은 무엇을 끈기라고 생각하나요? 여기에 적어 보세요.

끈기란, 새로운 것을 배울 때 꼭 필요한 것.

끈기란, 바느질을 잘 못 하지만 잘될 때까지 계속하는 것.

끈기란,

끈기란,

끈기란,

끈기란,

끈기란,

짐 꾸리기

2월 23일   요일

무인도에 가서 한 철을 보낸다면 무엇을 가져가고 싶으세요? 꼭 가져가야 할 것을 열 가지만 챙겨 보아요. 그것이 왜 필요하고 소중한지도 적어 보세요. 너무 무거운 것은 곤란하겠죠? 집을 통째로 가져갈 생각은 하지 마세요!

1.
2.
3.
4.
5.
6.
7.
8.
9.
10.

끝말잇기

2월 24일   요일

재미있는 끝말잇기를 해 볼까요?

'친구'로 시작한다면?

친구 → 구두 → 두부 → 부자 → 자식 → 식구

그다음 각 낱말에 묘사하는 글을 붙여 보세요.

친한 친구 → 새로 산 구두 → 말랑말랑한 두부 → 고약한 부자 → 말썽쟁이 자식 → 재미난 식구

어때요? 이렇게 묘사하는 문구를 붙여 끝말잇기를 하니 그냥 하는 것보다 훨씬 재미있지요? 이제 여러분이 시작해 보세요. 여러분의 이름으로 시작하세요. 그런 다음, 그것으로 이야기를 지어 보아요. 멋지고 그럴듯하고 남에게 즐거움을 주는 이야기여야 합니다.

2월 25일   요일

새로 산 물건 중에서 마음에 들지 않는 물건이 있나요?
더 늦기 전에 그것을 처분할 수 있다면 마음이 홀가분하겠죠?
자, 그 물건을 온라인 장터에 올린다고 생각하고 사람들의 마음을 흔드는,
사고 싶어 안달이 날 정도로 멋진 광고 문구를 지어 보세요.

혹시 빠트린 내용은 없나요?
그 물건이 어떤 물건인지,
무엇에 쓰는 것인지, 상태가 어떤지,
얼마인지, 연락처 등 모두 적었나요?

2월 26일   요일   감상

기러기

메리 올리버

착한 사람이 될 필요는 없다.
사막을 가로지르는 백 마일의 길을
무릎으로 기어가며 참회할 필요도 없다.
그저 네 육체 안의 연약한 동물이 사랑하는 것을 계속 사랑하게 하라.
절망, 너의 절망에 대해 말하라. 그러면 내 절망에 대해 말해 줄 테니.
그러는 동안 세상은 돌아간다.
그러는 동안 태양과 맑은 조약돌 같은 빗방울은
풍경을 가로질러 나아간다.
넓은 초원과 우거진 나무들을 넘고
산과 강을 넘어서.
그러는 동안 기러기들은 맑고 푸른 하늘 높이
다시 집을 향해 날아간다.
네가 누구든, 얼마나 외롭든,
세상은 네가 상상하는 대로 자신을 보여 주며
기러기처럼 거칠고 들뜬 소리로 너에게 외친다.
이 세상 모든 것들 사이에
네 자리가 있음을 거듭거듭 알린다.

> 이 시를 읽은 다음 기러기들을 보면 기러기들의 외침 소리가 들릴 거예요.
> "세상 모든 것 사이에 네 자리가 있어. 그것을 잘 찾아가."
> 위로와 격려를 전하는 시를 거듭거듭 음미해 보아요.

2월 27일   요일

가는 말이 고와야 오는 말이 곱다

이 속담은 내가 상대방에게 말을 곱게 하면 상대방도 나에게 말을 곱게 한다는 뜻입니다. 서로 친절하고 부드럽게 말을 나누라는 메시지를 담고 있지요. 최근에 이 속담을 떠올릴 만한 일이 있었을 거예요. 그 일을 소재로 해서 이야기를 지어 보아요. 마지막 문장은 '쯧쯧, 가는 말이 고와야 오는 말이 곱지.'로 끝나야 합니다.

동전 던지기

2월 28일   요일

연못에 동전을 던질 거예요. 거북의 등에 떨어져야 소원이 이루어진대요.
하나, 둘, 셋!
어떻게 되었을까요? 어머나, 세상에 별일도 다 있네요. 동전이 떨어지는 것을 본 거북이 얼른 고개를 돌려 동전을 받아먹었어요. 거북은 '끄윽' 트림을 하더니 나에게 뭐라고 말을 하네요. 뭐라고 했을까요?

2월 29일   요일

4년에 한 번

2월 29일은 4년마다 한 번씩 있는 특별한 날입니다. (올해에 2월 29일이 없다면 그냥 넘어가도 좋아요.) 오늘은 4년 후에나 배울 수 있는 것을 배워 볼까요? 아주 어려운 호텔 요리? 우리나라 도마뱀의 학명? 무지무지 복잡한 한자어? 익히고 나면 여러분은 4년 동안 2월 29일을 못 만난다 해도 아쉽지 않을 거예요.

여기 배우고 싶은 것을 적어 보아요. 그걸 왜 배우고 싶은지도 함께 적어 보아요.

맛있는 개구리 감별법 배워 볼래?

그, 그게 우리한테 필요할까?

봄이로구나!

3월

월요일	화요일	수요일	목요일	금요일	토요일	일요일

3월 1일   요일

오늘은 삼일절. 1919년 우리나라가 일본의 지배를 받았을 때, 온 민족이 한마음이 되어 '독립'을 외친 날입니다.
여러분은 지금 자유로운가요? 누군가, 혹은 무엇이 여러분의 자유를 구속하고 있지는 않나요? 시험? 혹은 귀가 시간? 용돈? 여기에 여러분을 구속하고 있는 것을 털어놓아요. 어떻게 하면 구속의 사슬을 끊고 자유를 찾을 수 있을지에 대해서도 생각해 보아요.

입학식

3월 2일   요일

이즈음에 여기저기에서 입학식을 할 거예요.
텔레비전 뉴스에서도 입학식 풍경을 보여 줄 것입니다.
여러분은 지금 다니는 학교에 언제 입학했나요?
입학식을 할 때의 기분과 느낌, 새로 품게 된 생각들을 적어 보세요.

촉감

3월 3일   요일

촉감에 대해 생각해 볼까요?
촉감은 손으로 느껴지는 느낌을 말합니다. '보들보들, 꺼칠꺼칠, 울퉁불퉁' 등은 촉감을 표현하는 의태어입니다. 주변을 둘러보며 촉감이 색다른 것을 만져 보고, 그 느낌을 의태어로 적어 보세요.

1. 솜은 폭신폭신
2.
3.
4.
5.
6.
7.
8.
9.
10.

물컹
꺄악

사실과 진실

3월 4일   요일

사실과 진실의 차이를 어떻게 표현할 수 있을까요?

사실은 누구에게나 사실, **진실은** 나에게만 진실.

사실은 지구가 둥글다는 것, **진실은** 그것을 전혀 느낄 수 없다는 것.

사실은 언니가 나보다 공부를 잘한다는 것, **진실은** 그래도 엄마는 언니와 나를 똑같이 사랑한다는 것.

이제 여러분이 쓸 차례예요.

사실은

진실은

사실은

진실은

사실은

진실은

> 사실은 옆집 강아지가 멋지다는 것, 진실은 그래도 난 우리 집 바둑이가 더 사랑스럽다는 것

3월 5일   요일

아래 예시처럼 여러분이 두려워하는 것과 그 이유를 적어 보세요.

나는 화장실 변기가 두렵다.
왜냐하면 변기 속에서 무언가 튀어나올 것 같기 때문이다.

이제 반대로 두렵지 않다고 적어 보세요. 그 이유도요.

나는 화장실 변기가 두렵지 않다.
왜냐하면 변기에서는 아무것도 나올 수 없다는 것을 알기 때문이다.

봄 이야기

3월 6일   요일

봄은 머리로 느끼는 것이 아니라 마음으로 느끼는 것입니다.

이즈음 개구리가 겨울잠에서 깨어 밖으로 나온다는 '경칩'이 있을 거예요.

겨울잠에서 깨어난 개구리를 주인공으로 짤막한 봄 이야기를 하나 써 볼까요?

다음 낱말들을 이용해서 쓰세요.

연못가 바위 / 깨진 사진 액자 / 부슬부슬 내리는 비 / 찌그러진 깡통 / 족제비

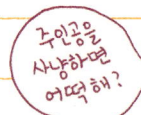

개구리를 만나면 들려주어요.

비가 그친 날 연못가에 가만히 앉아 있으면

이야기를 들으러 올 거예요.

3월 7일   요일   감상

하느님께 드리는 편지

에릭 엠마뉴엘 슈미트

하느님께

오늘 난 백 살이 되었어요. 장미 할머니처럼요. 계속 잠이 쏟아지지만 기분은 좋아요.

난 엄마랑 아빠에게 삶이란 참 희한한 선물이라는 얘기를 해 줬어요. 사람들은 처음에 이 선물을 과대평가해요. 영원한 삶을 선물받았다고 생각하는 거예요. 나중엔 과소평가해요. 지긋지긋하다느니 너무 짧다느니 하면서 내동댕이치려고 하죠. 그러다 결국 선물받은 것이 아니라 잠깐 빌린 것이라는 사실을 깨닫게 되는 거예요. 빌린 것이니 잘 써야죠.

나도 이제 나이가 백 살이나 되고 보니 내 말에 자신을 갖게 됐어요. 나이가 들수록 삶을 제대로 즐길 줄 알아야 해요. 섬세한 감각, 예술적인 감각을 길러야 한다고요. 열 살, 스무 살 때는 바보 멍청이라도 삶을 즐길 수 있어요. 하지만 백 살이 되어 움직이지도 못할 때는 머리를 써야 하죠. 엄마랑 아빠가 잘 알아들었는지 모르겠어요. 엄마 아빠를 만나 주세요. 잘 알아듣게 말해 주시고요.

전 좀 지쳤어요.

내일 만나요.

오스카 올림

《신에게 보내는 편지》, 열림원

윗글은 소설 《신에게 보내는 편지》에 나오는 한 구절입니다. 열 살의 나이에 치료할 수 없는 병으로 죽음을 앞둔 주인공 오스카는, 남아 있는 12일을 하루에 십 년으로 삼아 살게 됩니다. 인용한 글은 열흘째, 백 살이 된 오스카가 하느님께 쓴 글로, 생명과 삶을 바라보는 따뜻한 마음을 느끼게 합니다.

3월 8일   요일

오늘은 '세계 여성의 날'입니다.

생각해 보세요. '세계 남성의 날'은 없는데 '세계 여성의 날'이 있는 이유는 뭘까요? 다섯 가지만 적어 보세요.

1.
2.
3.
4.
5.

만약 '세계 남성의 날'이 있어야 한다고 생각한다면 그 이유는 무엇이죠? 다섯 가지만 적어 보세요.

1.
2.
3.
4.
5.

3월 9일   요일

다음은 프랑스의 시인이자 영화감독인 장 콕토의 시입니다.

나의 귀는 조개껍질

바다를 그리워한다.

그런데 이상하죠? 왜 귀에 대해서만 시를 썼을까요? 눈도 있고 코도 있고 입도 있는데요. 여러분이 한번 써 볼까요?

나의 눈은

나의 코는

나의 입은

장 콕토가 여러분의 시를 보면 뭐라고 할지 궁금하네요. 아마도 좋은 시라 생각할 거예요.

얼룩말

3월 10일   요일

얼룩말은 꼬리에만 긴 털이 있습니다. 몸에 난 털은 길지 않고 반질반질하지요. 다른 동물들은 보통 몸에 긴 털이 있는데, 얼룩말은 왜 그렇게 되었을까요? 그리고 그 얼룩무늬는 어떻게 생겨나게 되었을까요? 얼룩말에게 멋진 신화를 만들어 주세요.

> 옛날 옛적에 호랑이와 백마가 있었는데 둘이 사랑에 빠져서...

3월 11일. 요일

어머니의 잔소리는 꿀과 침을 함께 가지고 있어요. 잔소리의 내용은 꿀처럼 나에게 이로운 것이지만, 잔소리를 들을 때는 침을 맞은 듯 따끔해요. 여기, 어머니가 날마다 빠지지 않고 하는 잔소리 다섯 가지를 적어 보세요. 그리고 그것을 꿀과 침으로 나눠 보아요. 그러고 나서 어머니께 말씀드리세요. 재미있어하실 거예요.

'공부해라'의 **꿀**과 **침**은?
- 공부해서 시험 잘 보는 것은 **꿀**.
- 하기 싫은데 하라고 해서 **침**.

1.

2.

3.

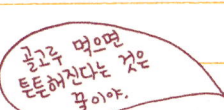

4.

5.

안락사

3월 12일   요일

안락사는 꼭 필요할까요?

안락사는 회복이 불가능한 환자에게 고통 없는 죽음을 맞게 하는 의료 조치입니다. 환자의 고통을 덜고 편안히 생을 마치도록 해 준다는 면에서는 긍정적이나, 안락사를 허용할 경우 생명을 경시하는 풍조가 퍼지거나 범죄에 잘못 이용될 위험이 있습니다. 여러분은 안락사에 찬성하나요, 아니면 반대하나요? 자신의 생각을 논리적으로 설명해 보세요.

반려동물에게는 안락사가 많이 시행되고 있어요. 사람에게는 안 되고 동물에게는 괜찮다고 생각한다면 그 까닭은 무엇이죠?

3월 13일　　　요일

오늘 자기 자신을 칭찬해 주고 싶은 일이 있었나요?

혹은 꾸짖고 싶은 일은요? 둘 중 하나는 있었을 거예요.

자기 자신을 칭찬하고 꾸중하는 것은 모두 다 자신을 소중하게 생각해서

그런 거예요.

자, 오늘은 여러분 자신에게 애정 표현을 해 주세요. 칭찬이나 꾸중, 둘 중

하나를 해 주세요.

동생에게도 애정 표현을 하고 싶다고요? 좋아요. 맘껏 해 보아요.

3월 14일   요일

'이심전심(以心傳心)'이란 사자성어는 마음과 마음이 서로 통한다는 뜻입니다. 요즘 이 말을 떠올릴 만한 사건이 일어나지는 않았나요? 친구와 축구를 하고 싶은데 친구가 축구공을 가지고 놀러 온 것? 내가 아무 말도 안 했는데 어머니께서 내 마음을 알고 떡볶이를 해 주신 것? 그때 일을 써 보아요. 그런 일이 없었으면 '이심전심'이란 말을 넣어 짧은 글을 지어 보아요.

3월 15일   요일   감상

사계절의 멋

세이 쇼나곤

봄은 동틀 무렵. 산 능선이 점점 하얗게 변하면서 조금씩 밝아지고, 그 위로 보랏빛 구름이 가늘게 떠 있는 풍경이 멋있다.

여름은 밤. 달이 뜨면 더할 나위 없이 좋고, 칠흑같이 어두운 밤에도 반딧불이가 반짝반짝 여기저기에서 날아다니는 광경이 보기 좋다. 반딧불이가 달랑 한 마리나 두 마리 희미하게 빛을 내며 지나가는 것도 운치 있다. 비 오는 밤도 좋다.

가을은 해 질 녘. 석양이 비치고 산봉우리가 가깝게 보일 때 까마귀가 둥지를 향해 세 마리나 네 마리, 아니면 두 마리씩 떼 지어 날아가는 광경에는 가슴이 뭉클해진다. 기러기가 줄을 지어 저 멀리 날아가는 풍경은 한층 더 정취가 있다. 해가 진 후, 바람 소리나 벌레 소리가 들려오는 것도 기분 좋다.

겨울은 새벽 녘. 눈이 내리면 더없이 좋고, 서리가 하얗게 내린 것도 멋있다. 아주 추운 날 급하게 피운 숯을 들고 지나가는 모습은 그 나름대로 겨울에 어울리는 풍경이다. 이때 숯을 뜨겁게 피우지 않으면 화로 속이 금방 흰 재로 변해 버려 좋지 않다.

《마쿠라노소시》, 지식을만드는지식

> 윗글은 11세기 일본의 여성 작가 세이 쇼나곤이 쓴 수필로, 사계절을 새벽이나 밤 등으로 비유해 아름다운 정서를 자아냅니다. 동틀 무렵의 봄을 떠올리며 글을 음미해 보아요.

3월 16일   요일

잠을 자고 일어나 보니 여러분이 동해 바다 한가운데 떠 있는 거예요.
아무것도 보이지 않고 드넓은 바다만 펼쳐져 있어요. 이게 어찌 된 일일까요?
그런데 내 발치에 누가 썼는지 모를 쪽지가 하나 있네요. 급히 그 쪽지를
펴 보았더니……. 쪽지에 뭐라고 쓰여 있을까요? 적어 보세요.

이 쪽지를 누가 썼을까요? 왜 나는 이 쪽지와 함께 바다에 있는 걸까요?
쪽지의 내용을 단서로 해서 무슨 영문인지 따져 보아요.
그래야 여기서 탈출할 수 있겠죠?

3월 17일   요일

독일 작가 장 파울은 인생이 한 권의 책과 같다고 말했어요.
왜 이렇게 생각했을까요? 여러분이 파울의 대변인이라 생각하고 여기에 그렇게 생각하는 근거를 설명해 보아요. 인생과 책에 관해 깊이 생각해 보면 몇 가지가 떠오를 것입니다.

인생에도 주인공이 있고, 책에도 주인공이 있다.
인생도 한 번밖에 살지 못하고, 책 속의 이야기도 다시 쓸 수 없다.

1.

2.

3.

4.

5.

심청

3월 18일   요일

옷깃을 여미고 단정히 앉은 모습은 마치 비 갠 시냇가에서 막 목욕하고 나온 제비인 듯, 환한 얼굴은 하늘에 두둥실 돋은 달이 물속에 비친 듯, 바라보는 두 눈길은 새벽빛 맑은 하늘에 샛별이 빛나는 듯, 두 뺨의 고운 빛은 늦은 봄 산자락에 연꽃이 피어난 듯, 두 눈의 눈썹은 초승달이 나란히 놓인 듯, 흐르는 머릿결은 갓 피어난 난초인 듯, 가지런한 귀밑머리는 매미의 날개인 듯 하늘거렸다.

-정출헌 다시 씀, 《심청전 : 어두운 눈을 뜨니 온 세상이 장관이라》, 휴머니스트

윗글은 정승 부인이 심청을 수양딸로 삼고자 처음 마주했을 때 심청의 모습을 묘사한 대목입니다. 오늘은 사람의 자태를 '~인 듯'으로 표현하는 연습을 해 볼까요? 자기가 좋아하는 이성 친구, 혹은 자기 주변에서 독특한 매력을 가진 사람을 묘사해 보세요.

3월 19일   요일

집에서 학교까지 골목 지도를 만들어 보세요.

그림이 아니라 글로 그리는 지도입니다. 집에서 나오면 무엇이 보이죠? 어떤 건물인가요? 그다음에는? 또 그 다음에는? 글만 읽고 집에서 학교를 찾아갈 수 있도록 자세하게 적어 보아요.

다 했나요? 그렇다면 이번에는 친구 집, 수영장이나 공원 등도 지도를 만들어요. 글로 설명하는 지도라는 점을 생각하면서, 짜임새 있게 잘 설명해 보세요.

3월 20일   요일

일기는 이야기가 있는 타임캡슐이라고 할 수 있어요.

지금 쓰는 이 글도 나중에 여러분의 증손자들이 읽게 될지 몰라요. 그들에게 오늘 있었던 일을 들려주세요. 말 그대로 일기를 써 보는 거예요. 날씨가 어떻고, 무슨 일이 있었는지, 여러분에게는 평범한 일들도 증손자들에게는 아주 특별하게 보일 수 있답니다.

일기는 있었던 일만 쓰는 것입니다.
과장을 하거나 없었던 일을 쓰면
일기가 아니라 이야기 짓기가 되어요.
작가가 되고 싶다면 그렇게 해도 좋아요.

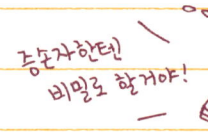

3월 21일   요일

이즈음에 '춘분'이 있을 거예요.

춘분은 낮과 밤의 길이가 거의 같은 날입니다. 춘분이 지나면 봄의 한가운데에 들게 되지요. 오늘은 앞머리에 '봄'이란 글자가 들어간 낱말을 떠올려 보고, 생각나는 대로 자유롭게 적어 보아요. 이 페이지가 봄으로 가득 찰 것입니다.

봄바람

봄볕

봄노래

봄소식

봄나물

3월 22일   요일

오늘은 유엔(UN)이 지정한 '세계 물의 날'입니다. 지구는 지금 아주 목이 마른 상태입니다. 우리나라도 물이 부족한 나라 가운데 하나고요. 우선 나부터, 우리 집부터 물을 아껴 써야겠지요. 그런데 어떻게 물을 아껴 쓸 수 있을까요? 다섯 가지만 생각해 보아요. 여러분이 생각해 낸 방법을 부모님과 선생님께 말씀드리고 함께 실천해 보아요.

이렇게 물을 아껴 쓰도록 해요!

1.

2.

3.

4.

5.

3월 23일   요일

기분이 사람의 것이라면 날씨는 자연의 것입니다. 따라서 날씨는 자연의 기분이라고 할 수 있어요. 그런데 봄은 자연의 기분이 좀 변덕스러운 때입니다. 하루에 열두 번도 더 바뀐다는 게 봄 날씨입니다.
오늘은 자연의 기분이 어땠나요? 몇 번이나 바뀌었나요? 오늘 날씨의 변화를 자세히 적어 보아요. 다음은 예입니다.

비가 올 듯한 하늘이 점심 때부터 개기 시작했다. 어느새 구름이 하나둘 모여들더니 텅 빈 하늘에 구름들의 속삭임이 일렁였다. 바람은 아직 쌀쌀하지만 등에 내리쬐는 햇볕은 따사롭기만 하다.

새 친구

3월 24일   요일

이번 해에 새로 사귄 친구가 있나요? 그 친구는 어떤 성격이죠? 무엇을 좋아하고 무엇을 싫어하나요? 이상한 버릇은 없나요? 오늘은 '내 친구 ○○○을(를) 소개합니다.'로 시작하는 글을 써 보세요.

만약 그 친구도 똑같이 이런 글을 쓴다면 나를 어떻게 소개했을까요? 여기 한번 적어 볼까요?

송곳니와 발톱이 날카로우며 발길질 한 번에 소나무를 부러뜨리는…

도대체 어떤 괴물을 친구로 사귄 거니?

3월 25일   요일

희망이란 무엇일까요?
'희망'이란 말로 여러분만의 아름다운 가치 사전을 만들어 보세요.

희망이란, 동생을 갖게 되는 것, 동생이 아니면 강아지라도 갖게 되는 것.
희망이란, 우리를 이끄는 등대와 같은 것. 지금은 비록 깜깜한 밤이지만.

희망이란,

희망이란,

희망이란,

희망이란,

희망이란,

3월 26일   요일

나는 집이 없어요. 나는 거리에서 잠을 자요.
나뭇가지 위에서, 구름 위에서, 가로등 위에서.
나는 힘이 대단해요. 나무를 뿌리째 뽑을 수도 있고,
지붕을 걷어 갈 수도 있어요.
나는 무척이나 넓어요. 내가 몸을 펼치면 지구를 다 덮을 수도 있어요.
나는 무엇일까요?

이 수수께끼의 답은 '바람'입니다.
여러분도 수수께끼를 지어 보아요. 아래 낱말 중에서 하나를 골라 수수께끼를
만드는 거예요. 부모님께 방금 지어낸 수수께끼를 내 보세요.

천둥 / 전봇대 / 별 / 꽃 / 질투 / 손 / 김치

3월 27일   요일

> 교장 선생님께
> 시험이 너무 많아요. 1년에 두 번만 보게 해 주세요.
> 점심시간 후에 한 시간씩 운동을 할 수 있게 해 주세요.

윗글처럼 교장 선생님께 무엇을 해 달라고 요청하는 편지를 써 보세요.
교장 선생님께 여러분의 생각을 차근차근 설명하세요. 여러분 자신만을 위해서가 아니라 모든 사람에게 도움이 되는 요구여야 합니다.

교장 선생님께

"저희 담임 선생님 소개팅 좀 시켜 주세요."

"내가 언제!"

"날이 갈수록 히스테리가..."

?

이달의 책

3월 28일   요일

'3월의 책'을 뽑으라면 어떤 책을 고르고 싶은가요?

3월의 책이 어떤 책이냐고요? 3월이 되면 생각나는 책, 3월에 읽으면 좋을 책, 이야기의 배경이 3월 같은 봄인 책, 봄꽃이 활짝 핀 그림이 있는 책, 제목에 봄이란 낱말이 들어 있는 책…… 그 책을 소개하는 글을 써 보세요.

없다고요? 그렇다면 오늘 같은 봄날에 다시 읽고 싶은 책을 떠올려 봐요. 그 책에 대해 소개해요.

3월 29일   요일

행복한 가정이란 어떤 가정일까요?

어떤 것을 갖추어야 하죠? 여러분이 생각하는 행복한 가정에 대해 적어 보세요.

나중에 여러분이 결혼해서 행복한 가정을 꾸리려면 지금부터 조금씩 생각해 봐야겠죠?

이제는 우리 집을 생각해 보아요. 우리 집도 행복한 가정이겠죠?

만약 뭔가 하나가 부족하다면 그게 뭘까요? 여기 적어 보아요.

그리고 부모님께 보여 드려요.

나무 타령

3월 30일   요일

다음은 오래전부터 사람들이 즐겨 불렀던 여러 가지 '나무 타령'을 골라 엮은 것입니다. 괄호 속에 들어갈 나무 이름을 아래 나무 중에서 골라 보세요.

살구나무, 솔나무, 옻나무, 참나무, 오리나무, 계수나무, 밤나무

나무 타령

가자 가자 감나무	오자 오자 (　　)
너랑 나랑 (　　)	방귀 뽕뽕 뽕나무
불 밝혀라 등나무	대낮에도 (　　)
바람 솔솔 (　　)	칼로 베어 피나무
십 리 절반 (　　)	방귀 쌀쌀 싸리나무
하늘 중천 구름나무	달 가운데 (　　)
거짓 없이 (　　)	그렇다고 치자나무

정답: 좋나무, 살구나무, 품나무, 룰나무, 오리나무, 계수나무, 맘나무

이제 여러분이 아는 나무 이름으로 새로운 나무 타령을 만들어 보아요.

내가 만든 나무 타령

3월 31일   요일

달팽이 똥을 보면 무엇을 먹었는지 알 수 있어요. 푸르뎅뎅한 똥을 쌌다면 시금치 같은 푸른 채소를 먹은 것이고, 불그죽죽한 똥을 쌌다면 당근같이 붉은 야채를 먹은 것입니다. 만약 여러분이 달팽이라면 어떤 색깔의 똥을 눌까요? 우선 오늘 먹은 것을 다 적어 보세요. 그런 다음, 그 음식의 색깔을 적어요. 마지막으로 색깔을 섞는 거예요. 어떤 색깔이 되었죠?

4월

4월은 과학의 달. 우주로 놀러 와요!

월요일	화요일	수요일	목요일	금요일	토요일	일요일

4월 1일 요일

오늘은 만우절입니다. 거짓말은 진짜 같을 때 더 솔깃하고, 진짜 이야기는 거짓말 같을 때 더 귀담아듣게 됩니다. 오늘은 진짜 같은 거짓말을 지어 보아요. 믿거나 말거나!

"엄마, 학교에 갔더니 오늘은 아이들 대신 엄마들이 와야 한대요."
"아빠, 오늘 일찍 오셔야 해요. 엄마가 저녁 7시에 현관문 비밀번호 바꿀 거래요."
"어제 전학 온 친구는 화성에서 이사 왔대. 지구로 망명 온 거라는데?"

속담

4월 2일   요일

호랑이도 제 말 하면 온다

이 속담은 어떤 사람에 관한 이야기를 하고 있는데 마침 그 사람이 나타났을 때 쓰는 말입니다. 새로 전학 온 어떤 아이에 대해 친구와 말하고 있는데 그 아이가 다가오는 경우, 형에 관한 이야기를 어머니와 나누고 있는데 형이 문을 열고 들어오는 경우, '호랑이도 제 말 하면 온다'고 합니다. 여러분도 그런 경험이 있죠? 그때 일을 적어 볼까요?

4월 3일   요일

봄 편지

봄은 사람의 마음을 괜스레 두근거리게 합니다. 두근거리는 마음으로 가장 친한 친구에게 봄 편지를 써 보아요. 편지 속에 벚꽃이나 수수꽃다리를 살짝 넣으면 봄 편지가 되지 않을까요? 편지를 쓰면 친구의 마음도 두근두근. 답장을 기다리는 나의 마음도 두근두근.

친구가 답장을 보내면 여기에 옮겨 두어요. 친구의 답장 속에 무엇이 들어 있다면 그것도 함께 적어 두어요.

4월 4일 요일

자기 자신을 정말 소중하고 다정한 친구처럼 느낀 때는 언제였나요?
그럴 때는 마음이 든든하고 기분이 좋지요. 반대로 나 자신이 싫고 화가 날 때,
누구보다 더 밉게 느껴질 때는 언제였죠? 두 경우 다 써 보세요.
둘 다 자기 자신이니까요.

나 자신이 다정한 친구 같을 때

나 자신이 밉게 느껴질 때

4월 5일　　요일

식목일인 오늘은 집에서 키우는 식물에 대해 관심을 가져 보세요.
어떤 식물인가요? 하나하나 알아보고 시든 잎을 따 준다든지, 물을 준다든지,
아니면 화분을 깨끗이 닦아 주세요.
집에 화분이 없다면 집 근처 풀밭이나 공원에 나가 식물들을 관찰해요.
그런 다음, 여기에 식물에 대해 새로 알게 된 것과 느낀 것을 적어 보세요.

4월 6일   요일

다음 낱말을 가지고 이야기를 지어 보세요.
4월 어느 날, 한 아이의 방에서 떠들썩한 잔치가 벌어진다고 생각해 보세요.
누가 주인공이 되면 재미있을까요? 주인공을 귀찮게 하는 것은 누구일까요?

자서전을 쓰는 연필 / 그것을 말리는 지우개 / 시끄럽다고 더 떠드는 라디오 / 간지럼을 못 참는 공책

4월 7일　　요일

건강

오늘은 '보건의 날'입니다.
처음 주사를 맞았던 때를 기억하나요? 아니면 몹시 아팠던 기억은요?
병원 응급실로 실려 간 적이 있나요? 어떤 일이 있었는지 적어 보아요.
얼마나 아팠고 어떤 치료를 받았는지, 가족들이 나를 어떻게 대해 주었는지…….
아팠던 때를 떠올리면 건강을 지키고 싶은 마음이 저절로 들겠죠?

이름

4월 8일   요일

여러분은 자기 이름이 맘에 드나요? 자기 이름의 뜻을 알고 있나요? 부모님께 내 이름에 대해 여쭤 보아요. 어쩌면 어떤 사연이 숨어 있을지 몰라요. 내가 생각한 것보다 더 큰 의미가 담겨 있는지도 모르죠.

이름을 스스로 짓고 싶었던 적은 없나요? 그렇다면 '걸어 다니는 나무', '검은 조약돌', '달빛 아래 눕다'처럼 지어 보아요. 친구들의 이름도 함께 지어요.

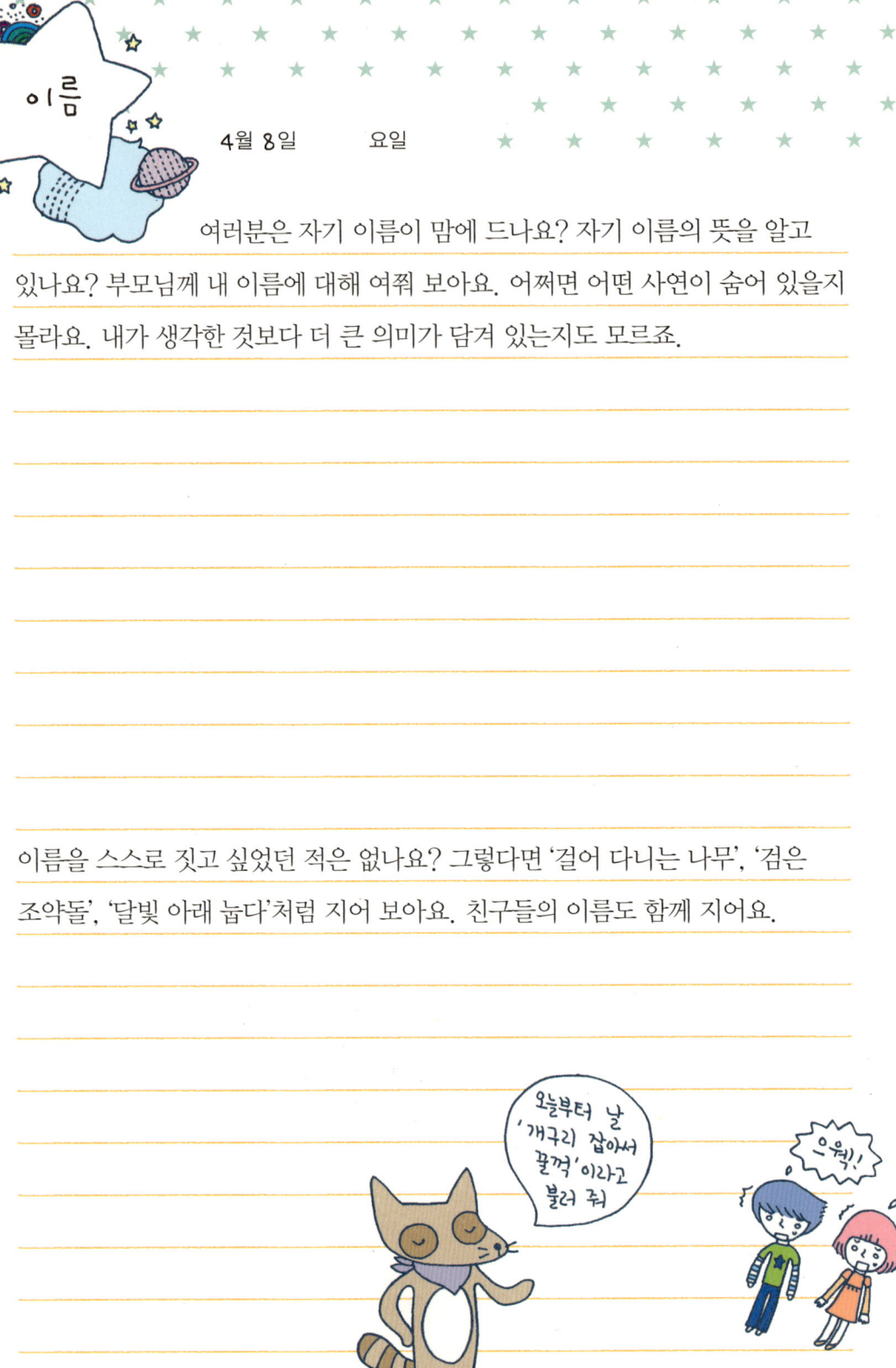

4월 9일   요일

천 개의 글자로 되어 있는 《천자문》은 옛날부터 서당에서 많이 공부해 왔습니다. 천자문의 첫 구절은 이렇게 시작합니다.

天地玄黃 하늘 천 / 땅 지 / 검을 현 / 누를 황
하늘은 위에 있어 그 빛이 검고, 땅은 아래 있어 그 빛이 누르다.

다음은 옛 아이들이 이 《천자문》을 엉뚱한 동요로 바꿔 부른 거예요. 한번 외워 보세요.

하늘 천 따 지 가마솥에 눌은 밥 뚝딱 긁어서
선생님은 개밥 그릇에 한 통 나는 한 그릇
선생님은 똥가래 나는 은수저
에 이놈 잘못 읽는다.

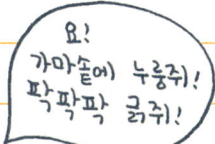

금방 외워지나요? 여러분도 자기만의 새로운 '천자문'을 만들어 보세요.

숫자

4월 10일   요일

4와 10 사이에는 무엇이 있을까요?

여러 가지 답을 생각해 봐요. '와'가 있다고 생각할 수도 있고 숫자 '8'이 있을 수도 있어요. 또 다른 답은 없나요? 아무도 생각 못 할 나만의 답을 말해 보세요.

그렇다면 10과 4 사이에는 무엇이 있을까요? 이번에도 나만의 기발한 답을 떠올려 보아요.

4와 10 사이에 있는 건 6층 우리 집!

4와 10 사이에 있는 건 내 동생!

일곱 살!

4월 11일 　 요일

쇼윈도의 마네킹이나 화실의 잘생긴 조각상을 보면 살아 있는 것 같지 않나요? 하지만 이들은 살아 있는 생명체는 아닙니다. 그렇다면 살아 있다는 건 뭘까요? 여러분은 어떤 때 살아 있다는 것을 느끼나요? 신이 나서 깡충깡충 뛸 때? 깔깔 웃다가 너무 웃어 눈물이 날 때? 아니면 배가 고파서 냉장고 문을 열고 먹을 것을 막 찾을 때? 여기 적어 보아요. 마네킹이나 조각상이 하지 못하는 것으로 생각해 보아요.

살아 있다는 것은

살아 있다는 것은

살아 있다는 것은

살아 있다는 것은

성격

4월 12일   요일

오늘은 나 자신에 관해 탐구해 보아요.
나는 내가 참 게으르다고 생각하는데 다른 사람은 나를 부지런하다고 말하거나, 혹은 나는 내가 참 명랑한 사람이라고 여기는데 다른 사람은 내가 우울해 보인다고 해서 당황한 적은 없었나요? 나의 성격에 대해 써 보세요.

내가 생각하는 나의 성격

남이 생각하는 나의 성격

내가 닮고 싶은 성격

4월 13일   요일

임시 정부

1919년 4월 13일은 일제 강점기에 조직적으로 독립운동을 하기 위해 중국 상하이에 대한민국 임시 정부를 세운 날입니다.
백과사전과 책을 찾아보고 상하이 임시 정부에 대해 조사해 보아요.
누가 어디에 세웠으며 어떤 활동을 했는지, 나중에 어떻게 되었는지 알아보세요.

상하이 임시 정부에서 중요한 역할을 했던 인물들을 찾아보아요. 그중 가장 관심 가는 인물은 누구인가요?

4월 14일   요일

혼자 조용히 있고 싶을 때, 다른 사람에게 방해받지 않는 자기만의 '구석진 공간'이 있으면 좋겠죠? 여러분이 집에서 가장 마음 편한 공간은 어디인가요? 텔레비전을 보다 잠들 수 있는 거실 소파? 밖이 훤히 내다보이는 창가의 책상? 아니면 책상 밑? 나만의 공간을 여기에 적어 보아요.

집 안에 그런 공간이 없다면 내가 즐겨 가는 어떤 장소를 떠올려 봐요. 그 장소에 대해 여기 적어 보아요.

4월 15일   요일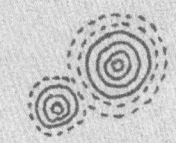

곡식을 위해 부르는 노래

볍씨여, 볍씨여!
그대들이 땅에서 자라나 우리를 먹여 살리지요.
그대들을 먹고 우리는 자란답니다.
곡식 한 알, 볍씨 한 알 함부로 진흙탕 속에 버리지 않아요.
물속에 난 발자국 흔적에 떨어뜨리지도 않지요.
그대들을 타작마당에 흘리지도 않고
나무 밑에 버리지도 않아요.
그대들이 강물 따라 흘러가게 두지도 않지요.
우리는 그대들을 싣고 돌아와
건조한 곳에 잘 있게 해 준답니다.

볍씨의 영혼, 좁쌀의 영혼,
옥수수와 메밀, 기장의 영혼들이여!
그대들이 우리를 배부르게 해 주지요.
그대들이 우리를 길러 준답니다.
우리는 그대들을 꼭 움켜쥐고
그대들을 꽉 잡지요.
볍씨의 아버지가 우리 집에 계시고,
그대들의 어머니가 우리 창고에 계세요.
우리가 그대들을 모시고 집으로 갑니다.
우리가 그대들을 모시고 창고로 가요.

김선자, 《오래된 지혜》, 어크로스

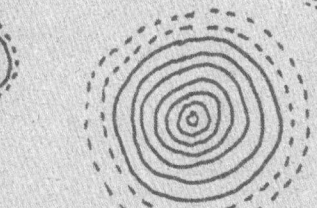

중국의 소수 민족인 와족이 씨 뿌릴 때와 수확할 때 부르는 노래입니다. 와족 사람들처럼 자연에 감사하는 마음으로 이 글을 감상해 보세요.

문체

4월 16일   요일

문체는 말투와 같습니다. 수선스러운 말투, 깡충거리는 말투, 느릿느릿 기운 없는 말투, 골을 내는 듯한 말투, 따지는 듯한 말투, 부드럽게 속삭이는 말투, 정다운 말투, 외치는 듯한 말투…….
요즘 읽는 책에서 작가의 독특한 문체가 느껴지는 대목을 골라 여기 적어 보세요. 말투에 비유하자면 어떤 말투라고 할 수 있을까요?

4월 17일   요일

아래 이야기는 독일 철학자 쇼펜하우어가 쓴 우화를 조금 바꿔 쓴 것입니다.

어느 숲에 사는 젊은 고슴도치가 막 결혼을 했습니다. 겨울이 되자 고슴도치 부부는 서로의 체온으로 추위를 이기려고 바싹 다가앉았어요. 하지만 서로의 가시에 찔려 고슴도치 부부는 다시 떨어져 앉았습니다. 그런데 떨어져 앉아 있으니 너무 추웠어요. 다시 다가가 앉은 고슴도치 부부는 가시 때문에 또 떨어져야 했습니다. 이러기를 되풀이하다가 마침내 고슴도치 부부는 서로 다가앉기에 적당한 거리가 어느 정도인지 알게 되었답니다. 춥지도 않고 가시에 찔리지도 않을 아주 알맞은 거리였어요. 현명한 고슴도치 부부는 평생 이 거리를 유지하며 행복하게 잘 살았답니다.

위 이야기를 읽고 느낀 점을 적어 볼까요? 가까운 사람끼리의 사이, 관계는 어때야 할까요?

호기심

4월 18일   요일

1955년 4월 18일은 독일 물리학자 아인슈타인이 세상을 떠난 날입니다. 아인슈타인은 뛰어난 업적을 많이 남겼는데, 그 비결에 대해 그는 자신이 특별한 재능을 타고난 게 아니라 단지 호기심이 아주 많았을 뿐이라고 말했지요. 여러분도 호기심을 가져 보아요. 어떻게 높은 산에서 물이 흐를까? 별은 어떻게 하늘에서 떨어지지 않고 떠 있을까? 오늘 생긴 호기심을 여기 써 두세요. 나중에 보면 '내가 이런 생각도 했구나!' 하고 놀라워할 거예요.

4월 19일   요일

색은 각각 상징하는 것이 있어요.
흰 비둘기를 평화의 상징이라 하는 것도, 항복할 때 흰색 깃발을 드는 것도 이와 관련이 있습니다. 자, 그럼 아래 낱말에 어울리는 색을 써 볼까요?
여러분 자신만의 느낌대로 써 보세요.

평화 → 하얀색

화 → 붉은색

사랑 →

슬픔 →

행복 →

좌절 →

기쁨 →

절망 →

명랑함 →

친구들과도 함께 해 보고 왜 그렇게
연결했는지 물어보아요. 흥미로운
이야기가 나올지도 몰라요.

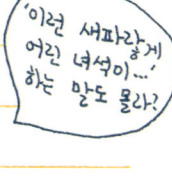

장애

4월 20일   요일

오늘은 '장애인의 날'입니다. 장애는 꼭 몸에만 있을까요? 마음의 장애는 없을까요? 슬픈 장면을 보고도 아무렇지도 않은 것, 모두들 웃으며 즐거워하는데 혼자 멍한 표정을 짓는 것은요? 이 밖에도 많이 있겠죠? 여러분이 발견한 마음의 장애를 다섯 가지만 적어 보아요. 그리고 여러분이 생각한 건강한 마음이란 어떤 것인지도 다섯 가지만 적어 보세요.

마음의 장애

1.
2.
3.
4.
5.

건강한 마음

1.
2.
3.
4.
5.

4월 21일   요일

오늘은 '과학의 날'입니다. 오늘 뉴스나 신문에서 과학에 관한 흥미로운 기사를 찾아 요약해 보아요. 그것을 다 이해할 수 있나요? 의문점이 있다면 적어 보아요. 의문점을 해결한 다음, 그 답도 같이 써 두세요. 어떤 사실을 새로 알게 된 기쁨을 누릴 수 있을 거예요.

판결문

4월 22일   요일

요즘에는 SNS 없이는 친구를 사귀기도 쉽지 않아요. 하지만 부작용도 있습니다. SNS에 남을 비방하는 글을 남기거나, 개인적인 사진을 올려놓거나, 좋지 않은 일을 부추기는 등……. 여러분이 판사라고 생각하고 SNS를 악용한 사람들을 꾸짖는 글을 써 보세요. 형량도 내려야겠죠? 1년 형? 10년 형? 100년 형? 먼저 육하원칙에 따라 사건을 요약하고 판결문을 쓰도록 하세요.

SNS에 친구를 비방한 피의자에게 내리는 판결문

누가

언제

무슨 일

어떻게

어디서

왜

판결문

4월 23일   요일

책의 반란

오늘은 '세계 책의 날'이에요. 그런데 책의 날에 책들이 반란을 일으켰네요.

수업 종이 울리자 아이들은 모두 자기 자리에 앉아 얌전히 선생님을 기다렸다. 곧이어 쿵쾅쿵쾅 발걸음 소리가 들리더니 문이 열렸다. 그런데 문을 열고 들어온 것은 한 무더기 책들이었다. 아이들은 깜짝 놀라 어안이 벙벙했다. 그때 책들이 이렇게 말했다.
"야, 재미있는 아이들이 많아 보이는데? 어떤 아이부터 읽을까?"

윗글이 재미있다면 여러분이 이어서 이야기를 짓고 마무리하세요.
다른 반란을 꿈꾸고 있다면 그것을 아래에 적어 보아요.

기쁨

4월 24일   요일

여러분은 어떨 때 기쁜가요? 어떤 것이 여러분에게 기쁨을 주나요? 나만의 기쁨, 아무도 모르는 기쁨에 대해 다섯 가지만 적어 보세요.

엄마 친구분에게 예기치 않게 받은 용돈

엄마 몰래 소풍 가방에 넣은 초콜릿과 사탕

1.

2.

3.

4.

5.

4월 25일   요일

오늘은 '법의 날'이에요. 법은 안전과 평화를 지키기 위해 만듭니다.
법을 만들 때는 그 법을 어길 경우 어떻게 대처할지를 항상 같이 생각합니다.
여러분은 어떤 법을 만들고 싶은가요? 집에서 필요한 법을 다섯 가지
정도 생각해 보아요.

1.
2.
3.
4.
5.

만약 법을 어겼다면 어떻게 할까요? 그것도 생각해 보아요.

4월 26일　　　요일

사랑과 존중의 뜻을 담고 있는 존경은 요즘 시대에 꼭 필요한 아름다운 가치입니다. 여러분이 생각하는 존경은 어떤 것인가요?

존경이란, 아버지를 본받고 싶을 때 느끼는 감정.
존경이란, 내가 하지 못하는 일을 남이 잘해 냈을 때 드는 감정.

존경이란,

존경이란,

존경이란,

존경이란,

존경이란,

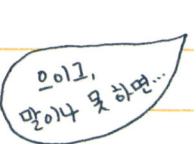

4월 27일   요일

아침에 일어나 보면 두더지가 이불 위에 앉아 여러분을 지켜보고 있을 거예요. 그러고는 자기가 왜 땅에 굴을 파고 살게 되었는지 말해 줄 거예요. 꼬치꼬치 따져 묻지 마세요. 두더지가 기분이 상해 가 버릴지도 몰라요. 그러니 그냥 받아 적기만 하세요. 자, 두더지가 뭐라고 말해 주었죠?

비유

4월 28일   요일

어머니와 아버지, 형제자매를 나무에 비유해 볼까요? 나무는 뿌리와 줄기, 잎으로 이루어져 있어요. 아니면 집에 비유해 볼까요? 집에는 지붕이 있어야 하고 기둥도 있어야 하고……. 여러분 각 가정에 어울리는 비유 대상을 찾아보세요. 그림을 그리거나 가족사진을 붙여 만들어도 좋아요.

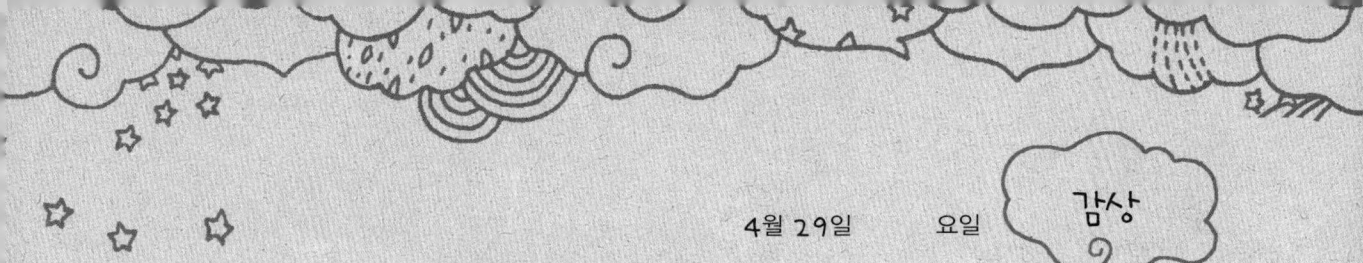

4월 29일   요일

물 흐르고 꽃 피어난다

법정

앞뒤 창문을 활짝 열어 놓고 한바탕 쓸고 닦아 냈다. 아침나절 맑은 햇살과 공기 그 자체가 신선한 연둣빛이다. 가슴 가득 연둣빛 햇살과 공기를 호흡한다. 내 몸에서도 연둣빛 싹이 나려는지 간질거린다.

새로 피어난 자작나무 어린잎이 살랑거리는 바람결에 춤추고 있다. 개울물 소리는 장단을 맞추며 흐른다. 개울 건너에서 검은등뻐꾸기도 한몫 거들고 있다. 철쭉이 벼랑에서 수줍게 웃음을 머금고 있다.

이곳이 어디인가. 바로 극락정토 아니겠는가. 그윽한 즐거움이 깃드는 곳, 물 흐르고 꽃 피어나는 바로 그곳이 극락정토 아니겠는가.

극락 세계를 다른 말로 '한없이 맑고 투명한 땅' 또는 '연꽃이 간직된 세상'이라고 한다.

아, 하늘과 땅 사이에 물 흐르고 꽃 피어난다.

《홀로 사는 즐거움》, 샘터

> 조용한 시간에 이 글을 읽으며 하늘과 땅 사이에
> 물 흐르고 꽃 피어나는 즐거움에 흠뻑 빠져 보기 바랍니다.

새로운 생각

4월 30일   요일

예술가는 보통 사람들에게 새로운 것, 낯선 것, 모르고 지나치는 것, 감추어진 아름다움을 일깨워 주는 사람입니다. 따라서 늘 새로운 눈으로 세상을 보고, 새로운 생각들이 들어올 수 있도록 마음을 활짝 열어 둡니다. 오늘은 어떤 낯선 생각을 했나요? 한 번도 안 해 본 생각을 하지 않았나요? 기억에서 사라지기 전에 여기 적어 보세요. 만약 없다면 지금 생각해 보아요.

5월

월요일	화요일	수요일	목요일	금요일	토요일	일요일	메모

5월 1일   요일

5월의 첫째 날은 근로자의 날입니다. 노동절이라고도 하지요?
일을 하는 사람은 근로자의 날에 하루 쉽니다. 그렇다면 나는 오늘 쉴 수
있을까요, 없을까요? 내가 우리 가족을 위해 집안에서 어떤 일을 해 왔는지
써 볼까요? 꾸준히 해 왔다면 오늘은 하루 쉬어요. 근로자의 날이니까요.

별로 한 일이 없다고요? 그렇다면 오늘은 뭔가 해야죠. 근로를 하는 날이라
생각하고 뭐든지 해 보세요. 재활용품 수거함에 갖다 넣기, 현관 신발 정리 정돈,
화장실 청소, 빨래 개기……. 다 하고 나서 그 느낌을 써 보아요.

5월 2일   요일

오늘은 '가정(家庭)'이란 낱말에 대해 생각해 볼까요?
'가정'의 뜻을 국어사전에서 찾아 써 보고, '가정'의 한자 어원도 조사해 보세요.
영어로 가정을 'family'나 'home'이라고 하는데 그 차이도 알아보고,
조사한 내용을 참고해서 여러분 자신이 '가정'을 새롭게 정의해 보아요.

국어사전에 실린 '가정'의 뜻:

'家庭'의 한자 어원:

영어 family와 home의 차이:

내가 생각하는 '가정':

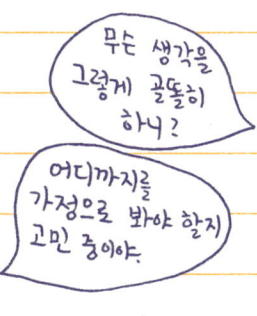

무슨 생각을 그렇게 골똘히 하니?

어디까지를 가정으로 봐야 할지 고민 중이야.

5월 3일   요일

다음은 이솝 우화 중 〈토끼와 사자〉 이야기입니다.

토끼들이 여러 동물들 앞에 나아가 "모든 동물은 똑같은 것을 가져야 합니다." 하고 말했다. 그러자 사자들이 말했다. "토끼들이여! 그대들의 연설에는 우리가 가지고 있는 것과 같은 발톱과 이빨이 없구나."

토끼는 사자의 비웃음을 듣고 다음 연설에 발톱과 이빨의 날카로움을 넣었답니다. 뭐라고 했을까요? 어떻게 다른 동물들을 설득해 목적한 것을 이루었는지 여러분이 잘 마무리하세요.

5월 4일　　요일

우리 집 가훈을 지어 볼까요?

우리 가족이 가장 중요하게 생각하는 것은 무엇인가요?

'약속을 잘 지키자'거나 '사람들에게 친절을 베풀자' 등의 가훈도 있겠고,

'언제나 웃을 준비를 하자', '세상은 넓고 할 일은 많다' 같은 가훈도 있겠지요.

여러분 가정에 꼭 어울리는 멋진 가훈을 지어 보세요.

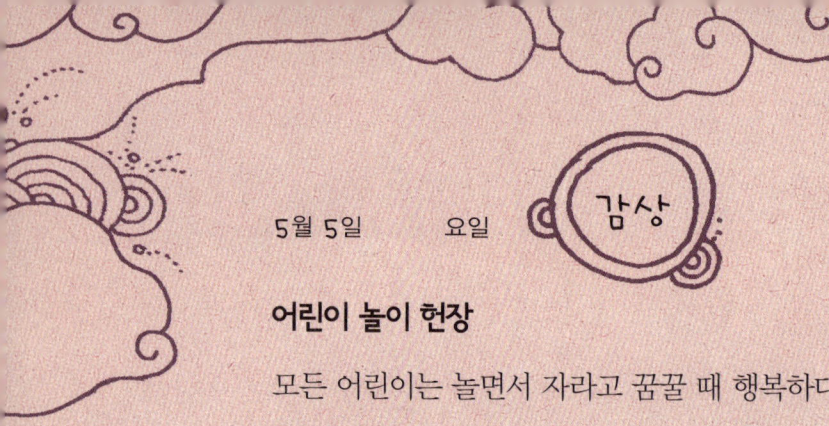

5월 5일   요일

어린이 놀이 헌장

모든 어린이는 놀면서 자라고 꿈꿀 때 행복하다. 가정, 학교, 지역 사회는 어린이의 놀 권리를 존중해야 하며, 어린이에게 놀 터와 놀 시간을 충분히 제공해 주어야 한다.

어린이에게는 놀 권리가 있다.
어린이는 놀이로 행복을 누릴 권리가 있으며, 놀이의 주인은 어린이다.

어린이는 차별 없이 놀이 지원을 받아야 한다.
어린이는 성별, 종교, 장애, 빈부, 인종 등에 상관없이 놀이 지원을 받아야 한다.

어린이는 놀 터와 놀 시간을 누려야 한다.
어린이는 자유롭게 놀거나 쉴 수 있도록 놀 터와 놀 시간을 충분히 누릴 수 있어야 한다.

어린이는 다양한 놀이를 경험해야 한다.
가정, 학교, 지역 사회는 어린이의 발달 단계에 맞는 풍부한 놀이 환경을 만들어 주고, 다양한 놀이 경험의 기회를 제공해 주어야 한다.

가정, 학교, 지역 사회는 놀이에 대한 가치를 존중해야 한다.
가정, 학교, 지역 사회는 어린이의 놀이를 존중하고 가치를 인정해야 하며, 안전하고 즐겁게 놀 수 있도록 배려하여야 한다.

> 2015년 5월에 전국 시도교육감협의회에서 발표한 헌장입니다. 어린이 여러분이 놀이의 주인으로서 놀 권리를 충분히 누리고 있는지 생각하며 읽어 보세요.

5월 6일　　　　요일

토끼는 몸에 비해 꼬리가 짧아요. 다람쥐는 몸에 비해 꼬리가 크고 깁니다.
혹시 토끼와 다람쥐의 꼬리가 뒤바뀐 것은 아닐까요?
토끼와 다람쥐에게 무슨 일이 일어났는지 상상해 써 보세요.

토끼와 다람쥐가 서로 꼬리를 바꾸었다면 어떤 모습일까요?
둘 다 만족해할까요?

어머니 이야기

5월 7일   요일

어머니에게 어릴 적 이야기를 들려 달라고 해요.
언제 어디서 태어나 무엇을 하고 놀았는지, 어떤 공부를 했는지, 부모님께 혼난 기억, 형제자매끼리 다툰 일, 크게 아팠던 일 등 추억이 많을 거예요.
오늘 어머니에게 들은 이야기들을 적어 보고, 지금의 나는 얼마나 다른 생활을 하고 있는지 생각해 봐요.

5월 8일　　요일

오늘은 '어버이날'입니다. 아무리 세월이 많이 흘러도 부모님이 자식을 사랑하는 마음이나, 자식이 부모를 공경해야 하는 것은 변함이 없습니다. 아랫글은 불교 경전인 《부모은중경》 중 '일곱째 은혜'입니다. 오늘은 이 글을 베껴 쓰면서 부모님의 은혜를 느껴 보아요.

더러움을 씻어 주신 은혜

생각하니 옛날에 아름답던 그 얼굴
아리따운 그 모습 소담하신 몸매
푸른 눈썹은 버들잎 같으시고
붉은 두 뺨은 연꽃인 양 하였는데
은혜가 더할수록 그 모습을 잃고
더러움을 씻다 보니 손발이 다 닳았네.
아들딸만 생각하시는 가녀린 노고에
자비로운 어머니 모습 저리 변하였네.

아버지 이야기

5월 9일   요일

이번에는 아버지의 어린 시절에 대해 알아볼까요?
아버지가 나만 할 때 어디서 어떻게 살았는지, 하루 종일 놀기만 했는지, 공부를 잘했는지, 친구한테 맞고 바보처럼 울기만 했는지 등을 여쭤 보고 여기에 적어요. 어머니와 아버지의 어린 시절을 비교해 보는 것도 재미있겠죠?

5월 10일   요일

가정의 달 5월에 읽으면 좋은 책은 어떤 책이 있을까요?

이사, 새 식구, 부모님의 갈등 등 가정의 이런저런 문제를 다룬 책이면 좋겠지요.

적당한 책 한 권을 골라 읽고 온라인 서점에 서평을 올려 볼까요?

온라인에 글을 올리면 책을 고르는 사람들에게 도움이 될 수 있어요.

온라인에 올리기 전에 먼저 여기에 연습해 보세요.

5월 11일   요일

오늘은 '입양의 날'입니다.
여러분은 입양에 대해 어떻게 생각하나요? 만일 부모님이 동생을 입양하려고 한다면 여러분은 어떤 기분일까요? 입양에 관한 자신의 생각을 적어 보세요.

만약 여러분이 입양아라면, 입양아로서 입양에 관한 자신의 생각을 솔직히 적어 보아요.

5월 12일   요일

지금쯤이면 봄에 피는 꽃이란 꽃은 다 피어났을 거예요.
길거리에서, 공원에서 본 봄꽃은 어떤 꽃인가요? 도감이나 사전을 뒤적거리며
봄에 피는 꽃 이름을 적어 보아요. 정말 많은 꽃들이 있다는 것을 알게 될 거예요.
마음에 드는 꽃을 찍은 사진을 오려 붙이거나 그림을 그려 보아도 좋아요.

> 진달래랑 철쭉이랑 구별할 줄 아는 사람?

> 얘한테 먹여 봐서 배탈 나면 철쭉, 안 나면 진달래!

꽃과 의미

5월 13일   요일

다음 낱말들을 읽어 보세요.

정열 / 사랑 / 순종 / 망설임 / 부끄러움 / 분노 / 슬픔 / 고뇌 / 걱정 / 질투 / 허무 /
약속 / 맹세 / 기쁨 / 행복 / 즐거움 / 믿음 / 배반 / 평화 / 부드러움 / 청초 / 순진 /
교만 / 은혜 / 나약함 / 명예 / 평온 / 고귀 / 정직 / 희생

그런 다음 어제 적어 둔 꽃 이름에 의미를 새기듯, 낱말을 꽃과 하나씩 짝지어 보아요.

개나리 → 기쁨

5월 14일　　　요일

자유

　　　　　채인선

자유는 편안해요.
풀밭에 누워 있는 기분이에요.

자유는 부드러워요.
고양이 털을 쓰다듬는 느낌이에요.

자유는 가벼워요. 무겁지 않아요.
새의 깃털 같아요.

자유는 향기로워요.
꽃보다 더 향기로워요.

자유는 내 손에 있어야 자유예요.
날아가면 자유가 아니에요.

《나의 첫 국어사전》, 초록아이

여러분은 자유를 무엇이라고 생각하나요? 위의 시를 읽고 자기가 생각하는 자유를 떠올려 보아요.

5월 15일   요일

스승의 날을 맞아 지금까지 만났던 선생님들을 떠올려 보아요. 그중에 가장 생각나는 선생님께 마음을 담아 편지를 써 볼까요? 선생님과 있었던 일들, 나누었던 이야기들, 야단맞은 일 등을 얘기하세요. 그래야 선생님이 '누가 편지를 쓴 거지? 으음, 바로 그 학생이구나.' 하고 고개를 끄덕일 수 있겠죠. 여기에 먼저 연습 삼아 써 보고, 선생님께 보낼 편지지에 예쁘게 베껴 써요.

선생님께

5월 16일   요일

우리에게 괴로움이 필요한 까닭은 뭘까요?

그 까닭은 알 수 없지만 괴로움을 겪지 않으면 기쁘고 즐거운 일이 얼마나 소중한지 모를 것 같아요. 겨울이 없으면 봄이 얼마나 반가운 건지 모르는 것처럼요.

괴로움에 대해 글을 쓴다면 무척 괴롭겠죠? 하지만 글로 적는 것도 괴로움을 이겨 내는 방법이에요. 어떤 일 때문에 괴로웠는지, 여기에 써 보세요.

기분이 어떤가요? 괴로움이 조금 가셨나요? 아니면 더 괴로워졌나요?

5월 17일   요일

아메리카 원주민들 중에는 사람들에게 저마다 동물 수호신이 있다고 믿는 부족이 있어요. 이 세상에 오기 전에 사람들은 수호 동물의 보살핌을 받으며 지낸대요. 이 세상에 와서 살다가 죽으면 다시 그 동물에게 돌아간다고 합니다. 여러분에게도 수호 동물이 있다면 좋겠죠? 어떤 동물이면 좋을까요? 왜 그렇게 생각하는지, 그 동물의 어떤 점이 끌리는지 여기 적어 보아요.

나의 수호신이었던 너에게…

5월 18일   요일

마음은 굴뚝 같다

이 속담은 어떤 일을 정말 간절하게 원하는데 당장 할 수 없어 안타까울 때 쓰는 말입니다. 무엇을 바라는 마음이 굴뚝에서 연기가 피어오르는 것처럼 몽글몽글 솟는다고 해서 이런 표현을 쓴 듯합니다.

여러분은 언제 마음속 굴뚝에서 연기를 피워 올렸죠? 맛있는 간식을 혼자 다 먹고 싶을 때, 놀러 나가고 싶은 마음이 들 때 등 너무나 많죠? 그중에서 가장 간절했던 일을 적어 보세요.

발명

5월 19일   요일

오늘은 '발명의 날'입니다.
발명의 날을 맞아 여러분도 발명을 해 볼까요? 머리가 좋아지는 약? 여러분을 무조건 칭찬하는 로봇? 날아다니는 신발? 여기에 한 가지만 적어 보고, 그것을 어떻게 만들지도 써 보아요. 단, 발명을 해야 해요. 마술이나 마법은 곤란해요.

5월 20일   요일

만 19세가 되면 여러분은 법적으로 성년이 됩니다.
성년이 되면 가장 먼저 무엇을 하고 싶죠? 결혼? 돈 벌기? 독립하기?
가장 먼저 하고 싶은 것부터 다섯 가지를 적어 보아요.

1.
2.
3.
4.
5.

위에 적은 것을 이루기 위해 여러분은 지금 무엇을 해야 할까요? 가장 먼저 해야 할 것 다섯 가지를 적어 보아요. 그것을 실천한다면 정신적으로는 벌써 성년이 된 거나 다름없어요.

1.
2.
3.
4.
5.

5월 21일   요일

오늘은 부부의 날!

1월 27일에 쓴 글에는 주변 물건들의 결혼 이야기가 나옵니다. 그들의 결혼식에 여러분이 주례를 선다 생각하고 여기에 주례사를 써 보세요. 이제 막 부부가 되는 신랑 신부에게 좋은 말을 해 주는 거죠. 너무 길게 하면 실례입니다. 신랑 신부는 어서 결혼식을 마치고 신혼여행을 가고 싶을 테고, 결혼식 하객들은 어서 맛있는 식사를 하고 싶을 테니까요. 그럼, 부탁해요!

5월 22일   요일

가정의 필요성

여러분은 가정이 꼭 필요하다고 생각하나요? 그렇다면 왜 가정이 필요한지, 왜 꼭 가정을 이루고 살아야 하는지 다섯 가지로 설명해 보아요.

1.
2.
3.
4.
5.

하지만 굳이 가정을 이루고 살지 않아도 된다는 의견도 있어요. 여러분이 그렇게 생각한다면 어째서 그런지 여기에 다섯 가지로 설명해 보아요.

1.
2.
3.
4.
5.

친구와 한번 얘기해 보아요. 의견이 다르면 각자 자기 주장을 펼치며 상대방을 설득해 보아요.

5월 23일   요일

만약 여러분에게 남들보다 한 시간이 더 주어진다면 여러분은 그 시간에 무엇을 하고 싶나요? 잠자기? 놀이? 게임? 여기에는 규칙이 있어요. 그 시간을 혼자서만 써야 한다는 겁니다. 그 한 시간은 오로지 나에게만 선물로 주어진 것이니까요. 늘 하던 일 말고 영원히 후회하지 않을 재미난 추억을 만들어 보아요. 그래야 친구들에게 자랑할 수 있겠죠?

5월 24일   요일

석가모니의 가장 큰 사상은 자비입니다.
국어사전에는 자비란 '남을 깊이 사랑하고 가엾게 여기는 마음'이라고 나와 있어요.
여러분은 자비가 무엇이라고 생각하나요? 아래 예를 보고 여러분이 생각하는 자비에 대해 적어 보세요. 다섯 가지만 적어 볼까요?

자비란, 나 혼자만 맛있는 것을 먹지 않고 남과 같이 나누어 먹는 것이다.
자비란, 평등이다. 자비를 받을 수 없는 사람은 아무도 없다.

자비란,

자비란,

자비란,

자비란,

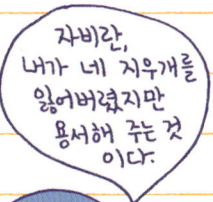

5월 25일   요일   감상

참나무

알프레드 테니슨

네 삶을 살아라
젊었거나 늙었거나
저기 저 참나무처럼.

봄에는 싱싱한 황금빛으로 빛나고
여름에는 잎이 무성하고
그러고, 그러고 나서
가을이 오면 다시 더욱더 맑은 황금빛으로 변하다가
마침내 잎이 모두 떨어지면
보라! 줄기와 가지로
서 있는 맨몸의 힘을.

> 5월의 나무들은 초록 잎으로 뒤덮여 있지요.
> 하지만 맨몸으로 겨울을 견디지 못했다면 지금의 초록 잎은 없었겠죠?
> 최선을 다해 자기 삶을 사는 나무들을 생각하며 이 시를 읽어 보아요.

5월 26일   요일

사람의 혈액형에는 A형, B형, O형, AB형이 있습니다. 과학적 근거는 없지만 사람들은 혈액형에 따라 성격이 조금씩 다르다고 알고 있지요. 만약 혈액형이 있는 로봇이 있다면 어떤 혈액형일까요? V형? W형? X형? 만약 로봇도 혈액형에 따라 성격이 좀 다르다면 어떻게 다를까요? 미래에 여러분이 로봇 대리점을 한다 생각하고 새로운 혈액형과 그에 걸맞은 성격을 적어 보아요. 로봇을 사러 온 손님들에게 보여 줄 안내서처럼 꾸며 보세요.

내 맘대로 척척 로봇 안내서
-영등포 대리점-

혈액형: V형

성   격: 자존심이 세어 이 로봇에게는 높임말로 명령을 해야 합니다.
높임말로 말하면 아이들도 본받을 수 있으니 좋습니다.
방전이 될까 봐 걱정된 나머지 늘 자기 스스로 충전을 합니다.

혈액형:

성   격:

머피의 법칙

5월 27일   요일

무얼 찾으면 꼭 그것만 안 보여요. 아침 일찍 눈이 저절로 떠지는 날은 이상하게도 쉬는 날입니다. 이런 것을 '머피의 법칙'이라고 합니다. 우리 일상을 돌아보며 여러분이 경험한 머피의 법칙을 찾아보세요.

내가 우산을 가지고 나가면 비가 오려다가도 멈춘다.
내가 화장실에 갈 때마다 휴지가 없다.
줄을 잘 서 있다가 다른 줄로 옮기면 항상 더 오래 기다리게 된다.

5월 28일   요일

오늘은 미치광이 글쓰기를 해 보아요.

주제도 없이, 일기인지, 편지인지, 소설인지, 고백인지 생각하지 말고 써요.

글을 멈추면 안 됩니다. 연필을 잠시도 쉬지 마세요. 누가 불러 주는 것을 숨 돌릴 겨를 없이 받아쓰는 것처럼 써 내려가요.

글을 쓰는 동안 쓴 것을 읽어 보지 마세요. 읽는 순간 여러분의 손은 돌이 될지도 몰라요. 글쓰기에 대한 순수한 열정을 확인해 보아요.

자, 이제 시작하세요.

급식

5월 29일   요일

학교에서 급식을 먹으며 친구와 무슨 얘기를 나누었나요? 특별한 일은 없었나요?
급식 메뉴는 마음에 들었나요? 급식 시간에 벌어진 재미난 일을 적어 보아요.
급식 시간이 아니더라도 무언가 먹으면서 벌어진 일을 여기 적어 보아요.
가족 다음으로 세상에서 가장 좋은 것 두 가지가 음식과 친구 아닐까요?

5월 30일   요일

수필가 피천득은 수필 〈5월〉에서 '5월은 금방 찬물로 세수를 한 스물한 살 청신한 얼굴이다.'라고 했습니다. 여러분은 5월을 어떻게 말하고 싶은가요? 가는 5월을 아쉬워하며 '5월은 ~이다.'로 시작하는 짧은 수필을 써 보세요.

5월은

> 5월은 부러움과 배신감의 계절. 연국이네는 놀이공원 갔고 은희는 새 인형을 선물 받았는데...

> zzz 자는 척 하자...

바다

5월 31일   요일

바다를 떠올려 보세요. 바다의 거친 파도, 부드러운 일렁임 등을 눈을 감고 떠올려 보아요. 그런 다음, 아래 낱말처럼 바다의 움직임을 묘사할 수 있는 낱말을 이어 적어 보세요.

푸르르 떨고, 꽝꽝 구르고, 부드럽게 뒤척이고, 소리쳐 울고,

바닷가에서의 추억을 떠올려 볼까요? 친구가 파도에 떠밀려 갈 뻔한 이야기, 파도타기를 하다가 엎어져서 물을 잔뜩 먹은 이야기, 아이스크림을 사 가지고 오는데 우리 집 파라솔을 못 찾아 미아가 된 기분을 느꼈던 때…… 그때의 일을 한번 적어 보아요. 바다가 더욱 생생히 기억날 것입니다.

나라를 위해 싸워 주셔서 고맙습니다.

6월

월요일	화요일	수요일	목요일	금요일	토요일	일요일	메모

6월 1일   요일   감상

무엇이 초록일까?

작자 미상

초록은 잔디요,

나뭇잎.

초록은 시골 산들바람이 몰아오는 냄새.

초록은 양상추요,

가끔은 바다.

초록이 살갗에 닿으면

너는 '아, 상쾌해!' 하지.

초록은 이끼 낀 커다란 고목나무 아래

그늘에서 맛보는 서늘함.

초록은 봄이 찾아와

얼었던 산천초목이 녹아내릴 때의 팔랑거림.

초록은 베짱이.

초록은 옥구슬.

초록은 그늘 아래 숨바꼭질.

초록은 올리브나무.

초록은 졸졸거리는 물소리.

초록은 비가 와서 새로 몸단장하는 세상.

《장난꾸러기의 마술 풍선》, 일과놀이

> 시를 읽으며 주변에 무엇이 초록빛을 띠고 있는지
> 둘러보아요. 초록빛의 아름다움에 푹 빠져 보아요.

6월 2일   요일

작가가 작품을 쓰는 것은 자신의 일기를 쓰는 것도 아니고 편지를 쓰는 것도 아닙니다. 많은 사람들이, 가능하면 백만 명도 넘는 사람들이 읽기를 기대하며 쓰는 것이지요. 그럼 백만 명의 독자가 읽을 만한 책은 어떤 책이어야 할까요? 어떤 점을 갖추고 있어야 할까요? 내용이 재미있어야 한다든지, 주인공이 매력적이어야 한다든지 등 구체적으로 열 가지를 써 보세요.

백만 명의 독자가 읽을 만한 책이 갖추어야 할 조건

1.
2.
3.
4.
5.
6.
7.
8.
9.
10.

이것을 앞으로 여러분의 글쓰기 지침으로 삼으세요.

단오

6월 3일   요일

음력 5월 5일은 바쁜 농사일을 하는 중 짬을 내어 봄을 즐기는 단오입니다. 여자들은 그네를 뛰고 남자들은 씨름판을 벌이며 즐겁게 놀지요. 춘향과 이도령이 만난 때도 단옷날이었습니다.
단오에는 다가올 더운 여름을 위해 서로 부채를 선물하는 풍습이 있습니다.
오늘은 단오 부채를 만들어 보아요. 직사각형 도화지를 안쪽으로 바깥쪽으로 번갈아 접으면 부채가 완성됩니다. 자, 더위를 이길 좋은 글을 부채에 써서 친구에게 선물해 볼까요? 어떤 글이죠?

여름 더위 무서워 말고 이 부채를 부치거라.
부채 바람 산들산들 이마의 땀방울 식게 하네.

6월 4일   요일

〈임금님 귀는 당나귀 귀〉란 옛이야기를 알고 있나요?
임금님 귀가 당나귀 귀라는 비밀을 알게 된 한 노인이 그것을 남에게 말하면 안 된다는 명을 받고 전전긍긍하다가, 대숲에 가서 털어놓고는 후련해한다는 내용입니다. 여러분에게도 남에게 털어놓을 수 없는 비밀이 있나요? 마음의 병이 생기기 전에 여기에 털어놓으세요. 이 책은 영원토록 비밀을 지킬 것입니다.

환경

6월 5일   요일

오늘은 1972년에 만들어진 '세계 환경의 날'입니다.

여러분이 보는 잡지나 신문에도 환경 문제에 관한 기사가 많이 나와 있을 거예요.

기사를 꼼꼼히 읽어 보고 마음에 와 닿는 것이 있으면 스크랩해 보세요.

나중에 들춰 보면 "아, 내가 이런 것을 읽었구나." 하고 새롭게 느껴질 것입니다.

6월 6일   요일

애국

오늘은 현충일, 나라를 위해 싸우다 목숨을 잃은 사람들을 추모하며 그들의 정신을 되새기는 날입니다. 대부분 한국 전쟁에서 젊은 나이에 전사한 병사들입니다. 여러분의 할아버지뻘 되지요.

오늘은 나라를 위해 좋은 일을 한 가지씩 해 보세요. 뭐가 있을까요? 아버지께는 운전할 때 정지선을 지키라고 부탁하고, 어머니께는 미루고 안 낸 세금이 있으면 얼른 내라고 하세요. 그리고 여러분이 할 일은 여기에 적어 보아요. 세 가지 정도는 해야겠죠?

1.

2.

3.

이중 하나는 반드시 실천!
잊지 마세요.

나라를 위해 쓰레기를 줍는대요.

허허, 착하구나. 기왕이면 매일 하는 게 어떠냐?

깜짝

부모가 되면

6월 7일   요일

여러분이 만약 어머니 혹은 아버지가 된다면 무엇을 하고 싶은가요?
아래 시처럼 써 보세요.

내가 엄마가 되면	내가 만약 아빠가 되면
아이들을 한 백 명은 낳을 거야. 아주 큰 차를 사서 그 애들을 다 태우고 이 세상 어디든지 다 갈 거야. 히말라야 산맥 꼭대기까지 올라갔다가 인도로 날아가서 카레를 먹을 거야. 알래스카 얼음집에 가서 하룻밤 자고 아프리카 정글, 참 멋있다고 그러는데 거기도 갈 거야. 백 명의 아이들과 함께 갈 거야.	딱 한 명만 낳을 거야. 딱 한 명의 아이와 나는 땡볕 아래 바닷가를 걷고 밤이 오면 언덕에서 잠을 자고 일찍 일어나 아침 해가 뜨는 것을 지켜볼 거야. 만약에 아이들이 한 명이 아니라 열 한 명이면 축구팀을 만들 거야. 더 이상 이길 팀이 없을 때까지 세계 곳곳을 돌아다니며 공을 찰 거야.

내가 _____ 가 되면

6월 8일　　　요일

화

요즘 나를 화나게 하는 것은 무엇인가요?
있는 대로 다 적어 보세요.

몸도 화를 냅니다. 몸이 부들부들 떨리고, 얼굴이 벌겋게 달아오르고, 가슴이 벌렁벌렁……. 화가 나면 몸에 어떤 변화가 생기는지 모두 적어 보세요.

화 길들이기

6월 9일   요일

화를 자기 마음속에서 기르는 동물 친구라고 생각해 보세요. 보통 때는 얌전하지만 화나는 일이 생기면 으르렁거리며 할퀴려고 덤빕니다. 어떻게 하면 이 녀석을 순하게 만들 수 있을까요? 어떻게 하면 화를 다스릴 수 있을까요? 다섯 가지만 적어 보아요.

1.

2.

3.

4.

5.

워워. 진정하라고.

6월 10일   요일

점심을 먹고 나면 꾸벅꾸벅 조는 아이들이 보입니다.
친구들을 깨울 기발한 이야기가 없을까요? 어떤 내용의 쪽지를 건네면
졸음 가득한 아이들 눈이 번쩍 뜨이게 될까요? 여기 만들어 보아요.
그리고 한번 실험해 보세요.

어때요? 성공했나요? 쪽지를 받은 친구들이 어떤 반응을 보였는지 여기 적어
두어요. 나중에 친구들과 읽어 보면 웃음이 나올 거예요.

6월 11일   요일

타조는 가장 큰 새지만 날지 못합니다.
왜 그렇게 되었을까요? 분명히 그렇게 된 것에는 무슨 사연이 있을 거예요.
여러분이 이야기를 지어 타조에게 들려주세요. 알에서 막 깨어난 아기
타조들까지도 "아, 그래서 그렇구나!" 하며 고개를 끄덕일 수 있도록.
세상에 하나밖에 없는 타조의 멋진 이야기를 지어 보세요.

6월 12일   요일

여러분은 지금 몸도 마음도 한창 크고 있습니다.
다른 사람을 배려한다거나, 하기 싫어도 해야 할 일은 꼭 하는 것, 실수나 잘못을 하고 양심의 가책을 받는 것 등이 여러분의 마음이 크고 있다는 증거입니다.
그렇다고 해서 완전히 성숙한 것은 아닙니다. 어떤 일에 핑계를 대거나 괜한 심술을 내는 것은 여러분이 아직 더 커야 한다는 뜻입니다.
여러분은 언제 '나는 다 큰 것 같다'고 느끼나요? 또 언제 '나는 아직 어린애다. 좀 더 커야겠다'고 느끼나요? 각각의 경우를 여기에 적어 보세요.
자신이 얼마만큼 컸는지 돌아볼 기회가 될 것입니다.

다 컸다고 느낄 때

좀 더 커야겠다고 느낄 때

알아맞히기

6월 13일   요일

알아맞히기 놀이를 해 볼까요?

나는 지구처럼 모서리가 없어요. 겉에는 오각형과 육각형 무늬가 그려져 있지요. 오각형은 검은색으로 칠해져 있고 육각형은 흰색으로 칠해져 있답니다.
나는 누구일까요?

나는 가늘고 길어요. 한쪽 끝은 뾰족해서 찔리면 아파요. 다른 쪽 끝은 작은 구멍이 있습니다. 쇠로 만들어져 있어, 쉽게 꺾이거나 부러지지 않아요. 나는 누구일까요?

이제 여러분이 한번 만들어 보세요. 그리고 친구들이나 가족들에게 문제를 내 보세요.

6월 14일   요일

인생의 선물

레바논의 작가 칼릴 지브란은 "인생이 주는 가장 중요한 두 가지 선물은 아름다움과 진실이다. 나는 이 가운데 첫 번째 것은 사랑하는 마음속에서, 그리고 두 번째 것은 일하는 사람 손에서 찾아냈다."라고 했어요.
여러분은 인생이 우리에게 주는 가장 중요한 선물이 무엇이라고 생각하나요? 그것을 어디에서 찾아냈나요? 위의 인용문처럼 써 보세요.

6월 15일　　　요일　　감상

어린 왕자

생텍쥐페리

드디어 어느 날 해가 뜰 무렵에 꽃잎이 피어나기 시작했습니다.

그렇게도 기다리던 꽃은 하품을 하더니 이렇게 말했습니다.

"아! 이제야 깨어났어요."

어린 왕자는 꽃의 모습에 감탄했습니다.

"참 아름답군요."

"그렇지요? 저는 해님과 함께 태어났어요."

꽃은 부드럽게 말했습니다.

어린 왕자는 그 꽃이 겸손하지는 않다고 생각했습니다.

그렇지만 그 꽃의 모습은 너무나 아름다웠습니다.

꽃이 말했습니다.

"지금은 아침 식사를 할 시간이에요. 제게 식사를 좀 주시겠어요?"

어린 왕자는 무척 당황했지만 물뿌리개를 가져다가 시원한 물을 뿌려 주었습니다.

《어린 왕자》, 삼성출판사

> 6월은 장미의 계절입니다. 윗글은 소설 《어린 왕자》에서 어린 왕자와 장미의 첫 대면을 묘사하고 있습니다. 어린 왕자가 장미를 어떻게 보았을지 상상하며 재미있게 읽어 보세요.

6월 16일   요일

초여름입니다. 올해 여름은 어떤가요? 더위가 일찍 찾아왔나요,
아니면 아직 봄기운이 남아 있나요?
아래와 같이 초여름의 풍경을 떠올릴 수 있는 짧은 시를 지어 보세요.

매미가 울기 시작한다.
곧 여름이 온다고.

바람이 가지 사이를 왔다 갔다 한다.
어느 나뭇가지에서 낮잠을 잘까 하고.

형제와 친구

6월 17일   요일

아라비아 속담에 '형제가 없어도 살아갈 수 있지만 친구가 없으면 살아갈 수 없다'는 말이 있어요. 정말 그럴까요?
그렇다면 형제와 친구가 다른 점이 무엇일지 여기 적어 봐요.
어떤 때는 형제가 좋고 어떤 때는 친구가 좋은지도요.

형제와 친구가 다른 점

형제가 좋을 때

친구가 좋을 때

내가 가방 들어 줄까?

무슨 속셈인지 몰라도 안 속아.

6월 18일   요일

나중에 커서 자기만의 집을 짓는다면 어떤 집을 짓고 싶은가요?

이층집? 마당이 넓은 집? 아니면 첨단 장치로 무장한 미래형 집? 버섯 모양의 집? 주전자 모양의 집?

자기가 지을 집을 여기에 자세히 묘사해 보아요. 그림이 아닌, 글로 설계를 하는 겁니다. 집의 형태나 모양과 색깔, 분위기, 창의 크기 등 묘사할 게 많을 거예요.

마음 구름

6월 19일   요일

하늘에만 구름이 있는 것은 아니에요. 내 마음속에도 구름 같은 것이 있지요. 하늘의 구름이 모습을 계속 바꾸듯이 내 마음속의 구름도 모습을 바꾼답니다. 지금 자기 마음속에 떠가는 구름을 그려 보세요. 그 구름은 어떤 마음을 나타내고 있나요?

6월 20일   요일   감상

가지 않은 길

로버트 프로스트

노란 숲 속에 두 갈래 길이 있었습니다.
나는 두 길을 다 가지 못하는 것을
안타깝게 생각하면서
오랫동안 서서 한 길이 꺾이어
바라다볼 수 있는 데까지
멀리 바라다보았습니다.

그리고 똑같이 아름다운 다른 길을 택했습니다.
그 길에는 풀이 더 있고
사람이 걸은 자취가 적어 아마 걸어야 될 길이라고 생각했던 거지요.
그 길을 걸음으로 그 길도
거의 같아질 것이지만.

그날 아침 두 길에는
낙엽을 밟은 자취는 없었습니다.
아, 나는 다음 날을 위하여 한 길을 남겨 두었습니다.
길은 길과 맞닿아 끝이 없으므로
내가 다시 돌아올 것을 의심하면서.

훗날 훗날에 나는 어디선가
한숨을 쉬며 이야기할 것입니다.
숲 속에 두 갈래 길이 있었다고,
나는 사람이 적게 간 길을 택하였다고,
그리고 그것 때문에 모든 것이 달라졌다고.

피천득 엮음, 《내가 사랑하는 시》, 샘터

> 사람들은 누구나, 어느 순간에나 갈림길에 놓입니다만, 그중 한 가지 길을 선택해 걷습니다. 지금 자기가 걷는 길을 생각해 보며 시를 음미해 보세요.

작가에게

6월 21일   요일

오늘은 6월에 읽은 책의 저자에게 편지를 써 보세요.

궁금한 점이나 책을 읽고 가슴에 남은 얘기들을 쓰면 됩니다. 책에 적힌 출판사 주소로 편지를 보내면 저자에게 전해 줄 겁니다.

답장이 올까요? 그러면 정말 기쁘겠죠? 아래에 연습 삼아 써 본 다음, 예쁜 편지지에 다시 옮겨 적어 보세요.

_____의 저자,
_____ 작가님께

6월 22일   요일

가장 긴 날

이즈음 일 년 중 해가 가장 빨리 뜨고 가장 늦게 지는 '하지'가 있을 거예요. 오늘 몇 시에 해가 떴는지 검색해 보아요. 해가 오후 몇 시에 지는지는 직접 관찰해요. 그렇다면 몇 시간 동안이나 해가 떠 있었죠? 그 시간 동안 나는 무엇을 했나요? 아마 일 년 365일 중 가장 많은 것을 했을지 몰라요. 아래에 적어 보세요.

이야기 짓기

6월 23일   요일

여기에 이야기 속 주인공이 될 만한 후보들이 있어요. 하나만 고르세요.

구름을 이리저리 옮길 수 있는 여자아이 / 벌레와 말을 주고받을 수 있는 남자아이 / 자신이 외계에서 왔다고 말하는 선생님

사건을 고르세요.

지구를 구하러 가다 / 어른들에게 납치를 당하다 / 집이 하늘로 떠오르다

사건의 무대가 되는 배경을 고르세요.

아파트가 밀집한 대도시 / 번지 점프를 하는 호수 공원 / 사람이 하나도 없는 무인도

자, 이제 위에서 고른 인물과 사건과 배경을 토대로 이야기를 만들어 보세요.

6월 24일 　　요일

여러분은 이미 자기 자신의 재능을 발견했나요? 어떤 재능이 있죠? 부모님 의견도 물어보아요. 오늘은 자신의 재능에 대해 적어 보세요. 만약 아직 재능이 어디 있는지 모른다면 관심 가는 것, 좋아하는 것을 적어요. 대부분 관심 가는 것에 재능이 있습니다.

전쟁

6월 25일   요일

1950년 6월 25일 새벽, 우리나라에 큰 전쟁이 일어났어요. 3년 동안 계속된 전쟁으로 수백만 명의 사람들이 죽거나 다쳤습니다. 여러분의 친척 중에서도 그때 희생된 분들이 있을 것입니다. 오늘은 여러분의 할머니, 할아버지께 들었던 한국 전쟁 이야기, 혹은 책을 보고 알게 된 것이나 학교에서 배운 내용을 가지고 한국 전쟁에 대해 적어 보세요.

> 나라를 위해 희생하신 분들께 묵념!

6월 26일   요일

통일

우리나라는 한국 전쟁 때문에 남과 북으로 갈라져 지금까지 서로 오가지 못하고 있습니다. 같은 형제끼리 서로 각자 방에서 오가지 않고 60년 넘게 산다면 어떻겠어요? 여기 통일을 꼭 해야 하는 이유를 적어 보세요. 아니면 통일에 대한 자신의 생각을 적어 보세요. 글로 적는 것은 생각을 논리적으로 정리하는 좋은 방법입니다.

형제끼리 만날 싸우기만 하면 어떻게 훌륭한 사람이 되겠나?

6월 27일   요일

유명한 화가 피카소는 "어린이는 모두 예술가다. 문제는, 어떻게 하면 예술성을 잃지 않고 성장하느냐에 있다."라는 말을 남겼습니다.
어린이에 대해 생각해 보며 피카소처럼 글을 써 볼까요?

어린이는 모두 날아다니는 새다.
문제는, 어떻게 하면 저녁 먹을 시간에 날개를 접고 식탁에 앉도록 하느냐이다.

어린이는 모두

문제는,

어린이는 모두

문제는,

어린이는 모두

문제는,

6월 28일   요일

동네 어른들이나 주민 센터에 제안하고 싶은 것이 있나요?
이를테면 다음과 같은 것들입니다.

학교 담장에 쓰레기를 갖다 놓지 않도록 지도해 주세요.
놀이터에 있는 고장 난 놀이 기구를 고쳐 주세요.
학교 앞에 횡단보도를 만들어 주세요.
상점에서 흘러나오는 음악 소리 때문에 공부에 집중이 안 되어요. 어떻게 좀 해 주세요.

이제 여러분이 생각한 것을 적어 보세요. 그런 다음 편지를 써서 구청이나 주민 센터 등에 보내요. 홈페이지를 찾아서 게시판에 글을 올릴 수도 있답니다.

평화

6월 29일   요일

동생이 "평화는 뭐야?" 하고 묻는다면 여러분은 어떻게 설명할 건가요?
아래는 예문입니다.

평화란, 나도 행복하고 동생도 행복한 것.
평화란, 싸움으로 얻어지지 않는 것. 싸우기 전에 화해하는 것.

이제는 여러분이 적어 보세요.
평화란,

평화란,

평화란,

평화란,

평화란,

6월 30일   요일

발 없는 말이 천 리를 간다

입에서 나온 말이 발도 달리지 않았는데 천 리나 간대요. '리'는 거리의 단위고 10리가 약 4킬로미터니까, 천 리면 무려 400킬로미터, 그러니까 서울에서 부산 가는 거리만큼이나 되지요. 한번 입 밖에 꺼낸 말은 사람들 입에서 입으로 오르내리며 순식간에 멀리 퍼질 수 있으니, 그만큼 말을 조심해서 해야 한다는 뜻이지요. 위 속담을 떠올릴 만한 일이 있지 않았나요? 자기가 겪은 일이 없으면 주변에서 일어난 일을 적어도 됩니다.

7월

월요일	화요일	수요일	목요일	금요일	토요일	일요일

7월 1일   요일

7월부터 본격적인 여름이 시작됩니다.
'여름' 하면 생각나는 낱말을 적어 보아요. 다가올 여름을 준비하는 마음으로요. 생각나는 대로 많이많이! 생각이 잘 나지 않으면 지난여름에 있었던 일을 떠올려 보아요. 적다 보면 여름의 낱말들이 엄청 많다는 걸 알게 될 거예요.

장마, 불볕더위, 줄줄 흐르는 땀, 시원한 바람,

7월 2일   요일   감상

저녁때

　　　　피천득

긴 치맛자락을 끌고
해가 언덕을 넘어갈 제,

새들은 고요하고
바람은 쉬고

풀잎은 고개를 수그려
가시는 해님을 전송할 제.

이런 때가 저녁때랍니다.
이런 때가 저녁때랍니다.

《피천득 시집》, 범우사

여러분의 저녁때는 어떤 때인가요?
저녁때 이 시를 읽으면 좋겠죠?

7월 3일   요일

그다음

이야기는 '그다음에 어떻게 되었을까'를 상상하게 해야 합니다.
여기, 쓰다 만 이야기가 있어요. 여러분이 이어서 써 보세요.

아빠가 차를 운전하고 있는데 커다란 불도그 한 마리가 딱 버티고
비키지 않는 거예요.
"저리 비켜! 이 멍청한 불도그!"
아빠가 소리를 질렀어요. 그러곤 아주 천천히 앞으로 차를 움직였어요.
그런데 어떻게 된 거죠? 불도그가 안 보이지 뭐예요.

고민

7월 4일   요일

책을 고를 때나 신발을 고를 때 고민이 됩니다.
한바탕 다툰 친구의 생일잔치, 가야 하나 말아야 하나 고민되지요.
수영을 배울지, 아니면 다른 운동을 배울지도 고민이 되어요.
오늘은 가까운 친구들의 고민을 수집해 보아요. 친구 세 명에게 고민 세 가지씩!
그리고 나서 나의 고민 세 가지를 적어요.

고민이 저마다 다른가요, 비슷한가요? 나와 친구들의 고민을 비교해 보세요.

7월 5일   요일

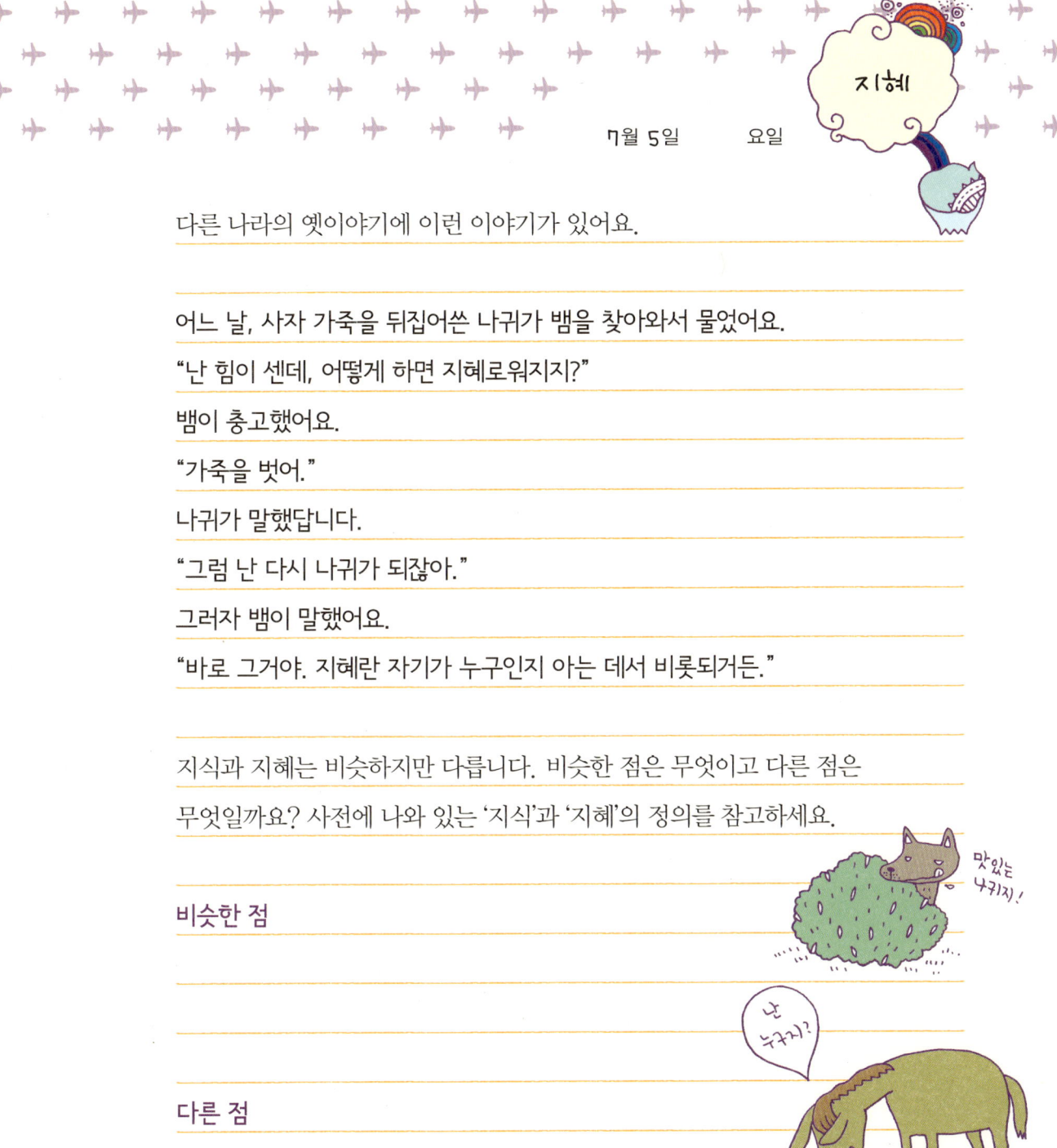

다른 나라의 옛이야기에 이런 이야기가 있어요.

어느 날, 사자 가죽을 뒤집어쓴 나귀가 뱀을 찾아와서 물었어요.
"난 힘이 센데, 어떻게 하면 지혜로워지지?"
뱀이 충고했어요.
"가죽을 벗어."
나귀가 말했답니다.
"그럼 난 다시 나귀가 되잖아."
그러자 뱀이 말했어요.
"바로 그거야. 지혜란 자기가 누구인지 아는 데서 비롯되거든."

지식과 지혜는 비슷하지만 다릅니다. 비슷한 점은 무엇이고 다른 점은 무엇일까요? 사전에 나와 있는 '지식'과 '지혜'의 정의를 참고하세요.

비슷한 점

다른 점

주인공과 나

7월 6일   요일

책에 있는 이야기가 꼭 내 이야기같이 느껴진 적이 있나요?
그런 책을 읽고 나면 나 자신에 대해 좀 더 많은 생각을 하게 되지요.
어떤 책이었나요? 어떤 이야기였죠? 주인공의 어떤 점이 내 처지와 비슷하다고
여겼나요? 여기에 간략하게 적어 보세요.

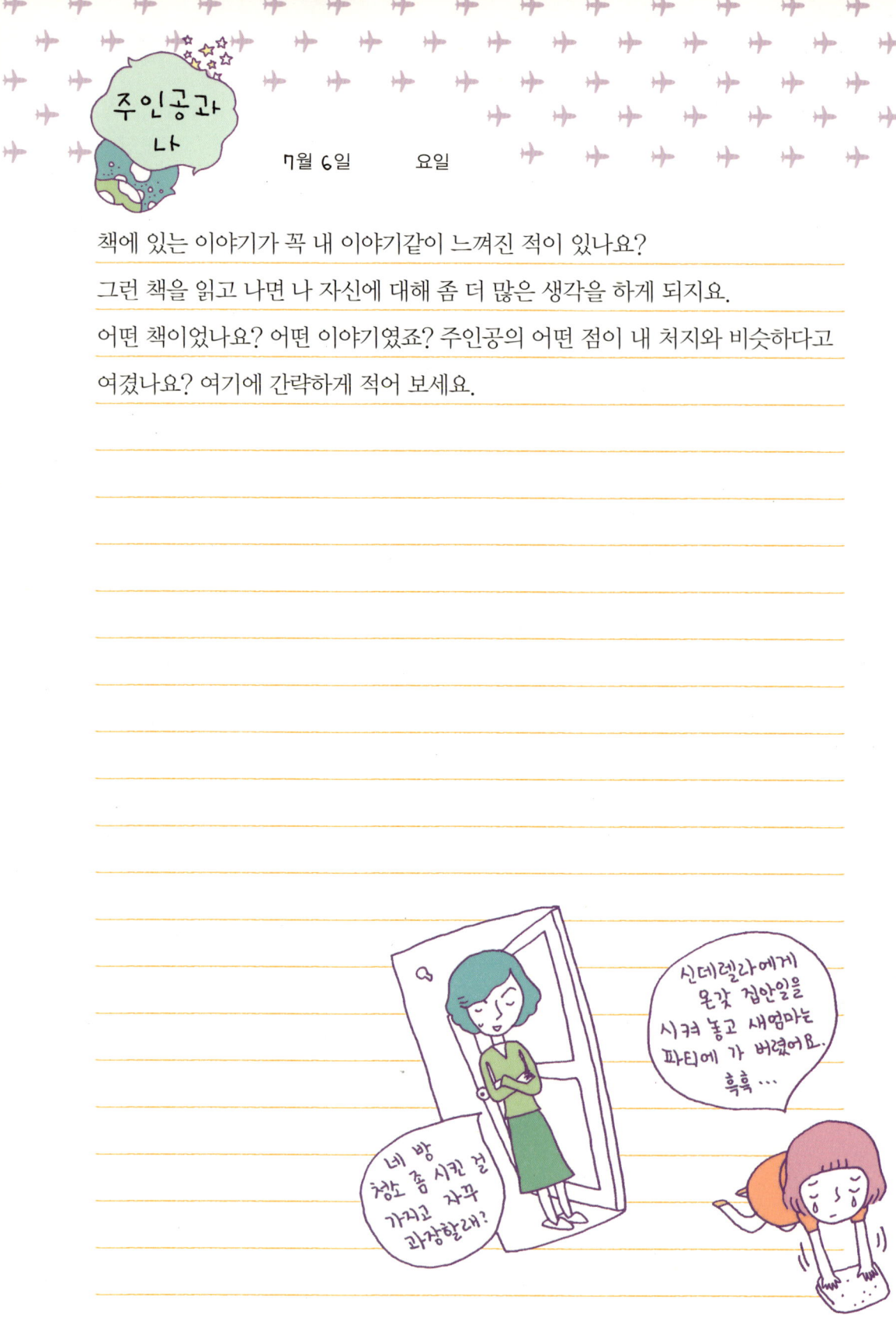

7월 7일   요일

더위와 추위

이즈음에 작은 더위라는 뜻을 가진 절기 '소서'가 있습니다.
여러분은 더운 것이 좋은가요, 추운 것이 좋은가요? 그 이유는 무엇이죠?
아래에 적어 보아요. 둘 중 하나를 택해 자기 생각을 분명하게 드러내 보세요.

더운 것이 좋다. 그 이유는

추운 것이 좋다. 그 이유는

여러분의 단짝 친구는 어떤 생각일까요? 친구에게 물어보아요.
더운 게 좋은지, 추운 게 좋은지!

추운 것이 좋아요!
크리스마스도 있고,
눈도 오고,
얼음도 얼고,
바람도 불고, 세차게 불고…
오들오들 춥고,
독감 걸리고…
생각해 보니까
싫다…

털썩

장난감 병정

7월 8일   요일

옛날에 장난감 병정들이 여럿 있었습니다. 그들은 모두 한 형제였습니다. 왜냐하면 모두 오래된 양철 숟가락에서 나왔으니까요. 병정들은 각각 자기 총을 어깨에 메고, 눈을 앞으로 똑바로 고정시키고, 빨간색과 파란색 제복을 입고 있었습니다. 장난감 병정들은 모두 똑같이 생겼습니다. 딱 한 병정만 빼고요. 그는 다른 병정들과 달리, 다리가 하나뿐이었습니다. 맨 마지막에 만들어져서 그를 완성할 만큼 양철이 충분하지 않았거든요. 그러나 그는 두 다리로 서 있는 다른 병정들처럼 한 다리로 잘 서 있었습니다. 사실은 바로 그가, 유명해진 장난감 병정이었습니다.

이야기를 잘 쓰려면, 주인공이 사람들의 마음을 사로잡을 만큼 매력적이어야 합니다. 매력적인 주인공을 독자들 앞에 내세울 수 있다면 이야기의 절반 정도는 성공한 것입니다. 윗글은 안데르센이 쓴 《장난감 병정》의 시작 부분입니다. 이 부분을 읽고 주인공에 대해 어떻게 느꼈는지, 무엇 때문에 관심을 갖게 되었는지 써 보세요.

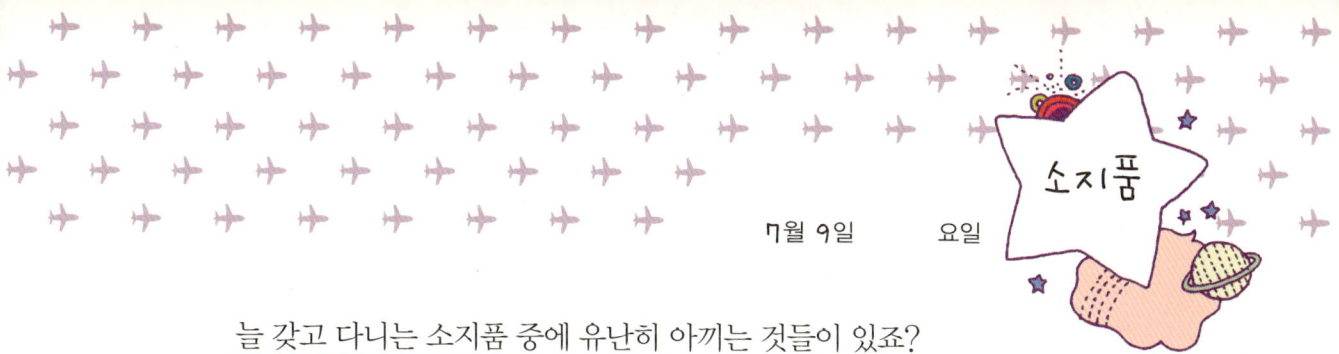

7월 9일   요일

늘 갖고 다니는 소지품 중에 유난히 아끼는 것들이 있죠?
세 가지만 골라 아래와 같이 써 보세요.

모자

내가 좋아하는 모자는 노란색 챙이 있는 여름 모자다. 나는 이것을 가까이 두고 기분이 나쁘거나 화가 났을 때 머리에 쓴다. 그러면 식구들은 내 기분을 알고 나를 잠자코 내버려 둔다. 처음에 내가 모자를 쓰게 된 계기는 별이 하늘에서 떨어질까 봐 걱정이 되어서였다. 물론 지금은 그런 생각을 하지 않는다.

공감

7월 10일   요일

공감은 사람과 사람의 관계에서 가장 기본이 되는 감정입니다. 공감이 일어나지 않으면 친절, 예의 등의 가치도 겉치레밖에 되지 않아요. 여러분은 어떻게 생각하나요? 여러분이 생각하는 공감을 여기 적어 보아요.

공감이란, 상대방이 느끼는 것을 나도 느낄 수 있는 것.

공감이란, 남의 장난감을 만지는 동생의 마음을 아는 것.

공감이란,

공감이란,

공감이란,

공감이란,

공감이란,

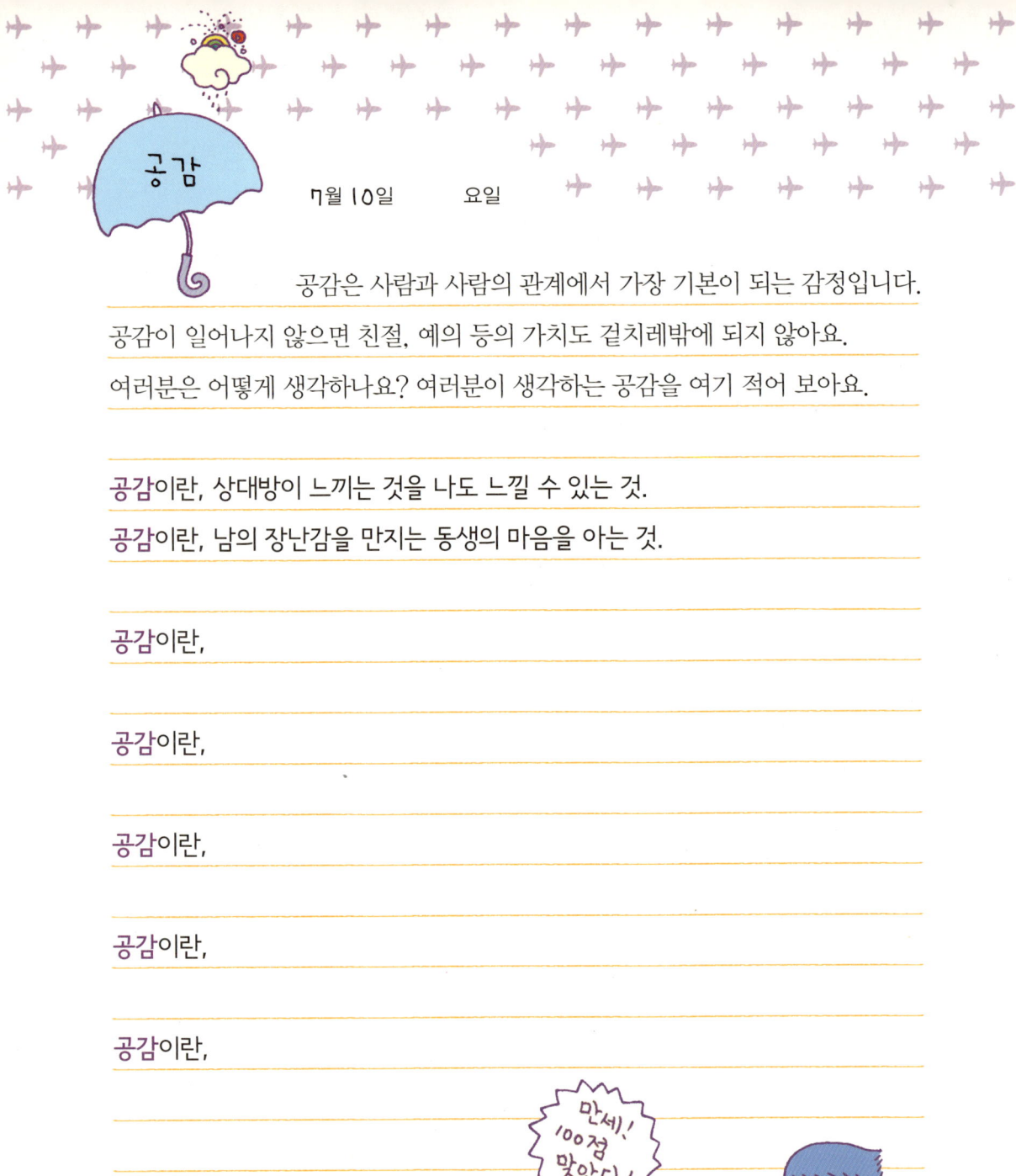

7월 11일   요일

미래의 작가

여러분은 책을 많이 읽어야 해요.
책을 많이 읽는 사람 중에서 미래의 작가도 나오기 때문입니다.
요즘 읽는 책 중에서 '나도 작가가 되어 이런 책을 써야지.' 하는 마음이 들게 하는 작품이 있나요? 작가들마다 그런 책들이 있습니다. 자신을 작가로 키워 준 책이라고 말하죠.
자, 여러분에게도 그런 책이 있을 거예요. 예전에 읽은 책에서 찾아도 좋아요.
한 권이 아니라 두 권, 세 권이라도 좋습니다. 여기에 모두 소개해 봐요.

음…
난 프로게이머가 되고 싶은데 책을 너무 많이 읽다가 작가가 돼 버리면 어쩌지?

걱정도 팔자다.

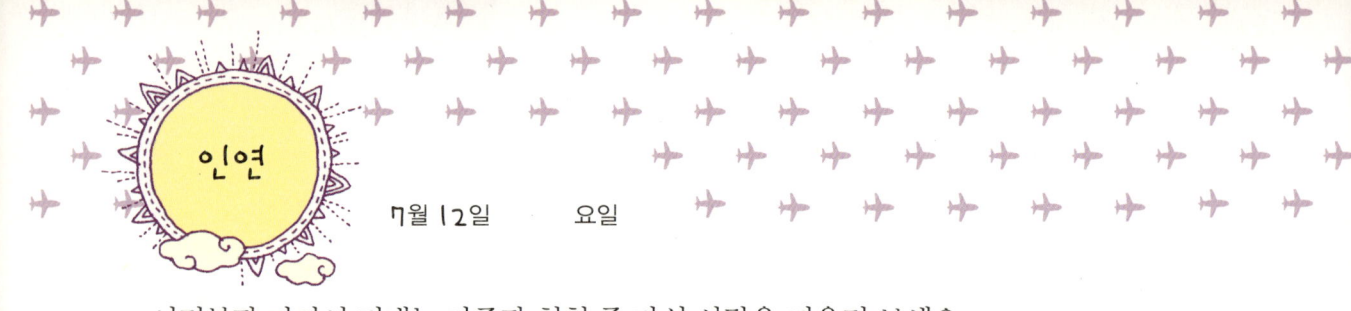

인연

7월 12일   요일

여러분과 가까이 지내는 가족과 친척 중 다섯 사람을 떠올려 보세요.
여러분은 그들의 성격과 습관, 인품을 다 알고 있지요. 그럼 한번 생각해 보세요.
만약 전생, 그러니까 이번에 태어나기 전에 또 다른 삶이 있었다면,
그들은 전생에 어떤 사람이었을까요?
서로 다 연관이 있어야 해요. 이번 삶에서 친척이나 가족이 되는 사람들은
전생에서도 인연이 있으니까요. 할머니가 인도의 공주라면 할아버지는 공주가
행차를 하면서 던지는 꽃을 받아 든 남자? 그리고 아버지는? 그리고 나는?
멋진 이야기가 만들어질 것 같네요.

7월 13일   요일

부모님

부모님은 여러분을 가장 사랑하시는 분들입니다.
여러분도 부모님을 가장 사랑하죠? 하지만 가끔은 부모님이 미울 때도 있어요.
내 생각을 안 해 줄 때, 내가 어떤 기분인지 상관하지 않을 때, 나에게 막 화를 낼 때…… 또 다른 경우도 있을 거예요.
오늘은 부모님이 미울 때를 떠올려 보아요. 여기에 살짝 털어놓으세요.
그리고 부모님을 용서하고 더욱 사랑하세요.

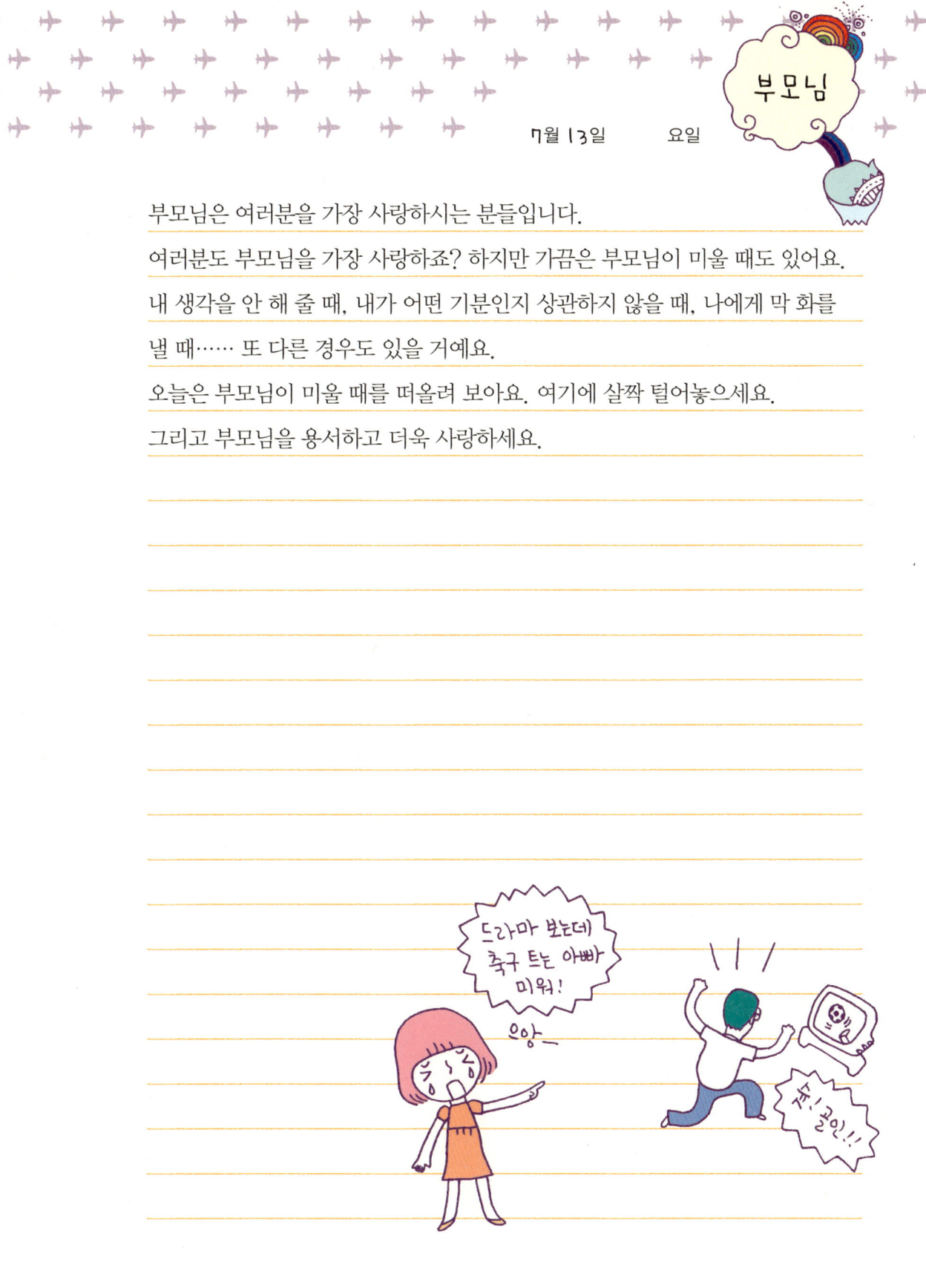

이야기 짓기

7월 14일   요일

먹고 춤추고 도망가고 울다가 웃는 이야기를 만들어 보세요.
주인공은 여러분이 정하고, 아래 낱말들을 사용하세요. 낱말의 순서는 상관하지 않아도 되지만, '먹고 – 춤추고 – 도망가고 – 울다가 – 웃는' 이야기 순서는 지키도록 하세요. 벌써부터 기대가 되는군요.

배고픈 돼지 / 잔소리하는 앵무새 / 찢어진 우산 / 노란 장화 / 돈 980원

7월 15일   요일   감상

외딴집

김종상

앞산과
뒷산이
마주 앉았다.

하늘이
한 뼘

해가
한 발자국에
건너간다.

햇볕이 그리워
나무는
목만 길고
바위도 하릴없이
서로 등을 대고 누웠는데

산마루를
기어 넘은
꼬불길 가에
송이버섯 같은
초가집 하나
해 지자
한 바람 실같이
저녁 연기 오른다.

《흙손 엄마》, 재미마주

산과 산이 맞닿아 있는 산골 마을의 여름밤은 얼마나 맑고 시원할까요?
송이버섯 같은 초가집까지 떠올리며 시를 감상해 보아요.

7월 16일　　　요일

시험이 끝나면 무엇을 가장 먼저 하고 싶나요?
잠자기? 영화 보기? 친구와 게임하기? 만화책 보기? 실컷 먹기?
쇼핑몰 구경 가기? 상상만 해도 마음이 설레고 기분이 좋지요?
상상한 것을 여기 적어 보아요.

너무 많아서 무엇을 먼저 할지 모르겠다고요?
그러면 여기에 그 순서를 정해 보세요.

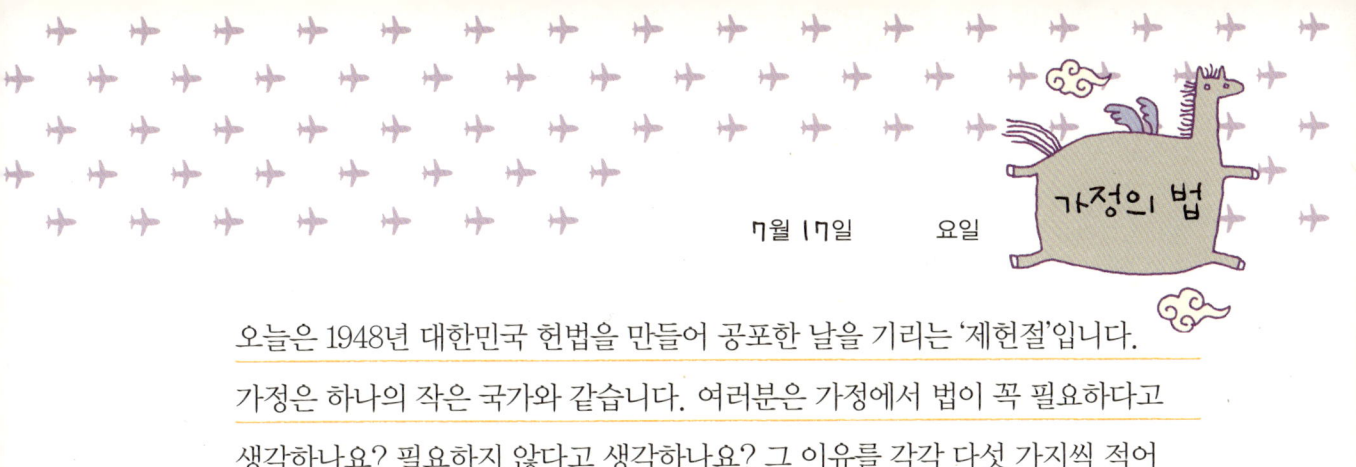

7월 17일　　　요일

오늘은 1948년 대한민국 헌법을 만들어 공포한 날을 기리는 '제헌절'입니다. 가정은 하나의 작은 국가와 같습니다. 여러분은 가정에서 법이 꼭 필요하다고 생각하나요? 필요하지 않다고 생각하나요? 그 이유를 각각 다섯 가지씩 적어 보아요.

법이 필요한 이유

1.
2.
3.
4.
5.

법이 필요하지 않은 이유

1.
2.
3.
4.
5.

어느 쪽 의견이 더 타당해 보이나요?
친구들은 어떻게 생각할까요?

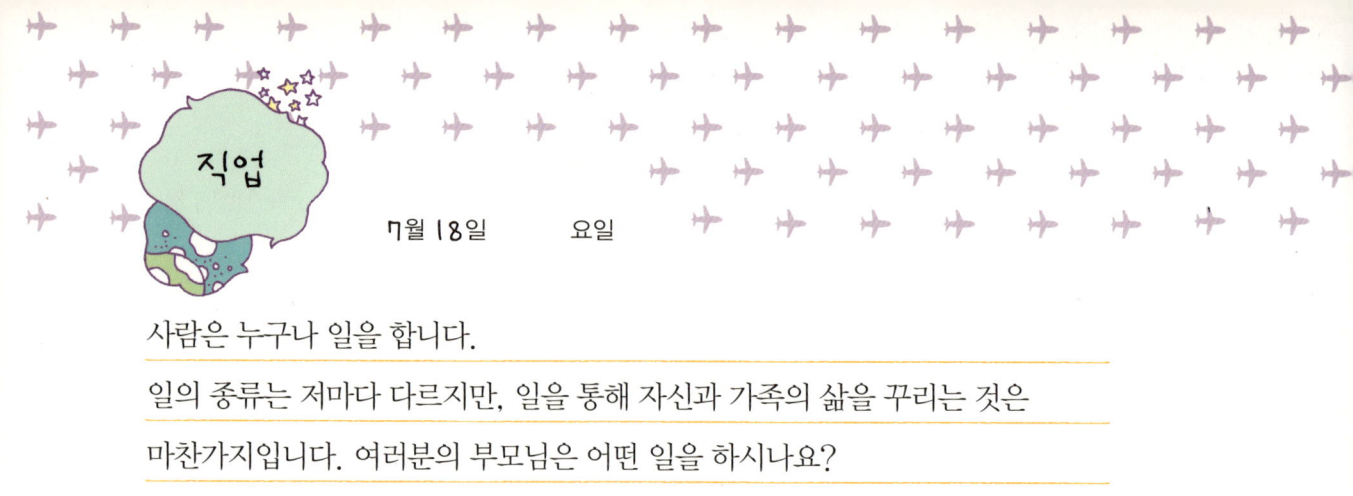

직업

7월 18일   요일

사람은 누구나 일을 합니다.
일의 종류는 저마다 다르지만, 일을 통해 자신과 가족의 삶을 꾸리는 것은 마찬가지입니다. 여러분의 부모님은 어떤 일을 하시나요?
구체적으로 알고 있나요? 부모님께 여쭤 보고, 그 일에 대해 자세히 알아보세요.

여러분은 부모님의 직업에 대해 어떻게 생각하나요?
나중에 여러분도 자라서 같은 일을 하고 싶은가요?

7월 19일   요일

거북이는 왜 무거운 등딱지를 등에 짊어지고 있을까요?
거북이에게 물어보라고요? 좋아요.

"거북아, 너는 왜 그렇게 무거운 등딱지를······."
거북이 대답합니다.
"아, 뭘 물어보려는지 알아. 그건 말이야······."

"아, 그래서 그게 그렇게 되었구나. 네 말을 들으니 좀 이해가 된다.
궁금증을 풀어 주어 고마워."

거북이가 한 이야기를 위에 적어 보아요. 거북이 말을 번역한다 생각하고요.

7월 21일   요일   공상

현실에서 뭔가 원하는 것이 있지만 당장 이룰 수 없을 때 공상을 하게 됩니다. 때때로 공상은 미소를 짓게 하고 그윽한 행복감을 주지요.
그래서 공상은 날개만 있지 발이 없다고 하는 걸까요?
오늘 여러분이 간절히 원한 것은 무엇이죠? 그로 인해 어떤 공상을 했는지 여기 적어 보아요.
아직 공상을 해 보지 않았다고요? 그렇다면 지금 해 보아요.
머릿속으로가 아니라 글로!

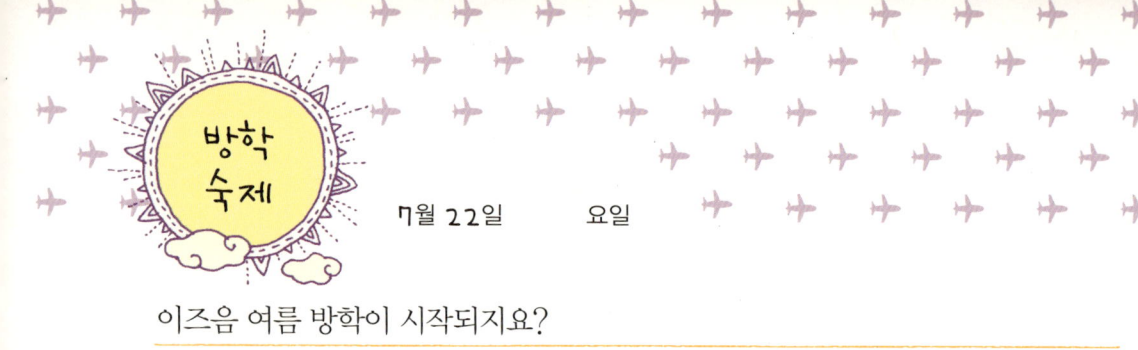

7월 22일   요일

이즈음 여름 방학이 시작되지요?

만약 내가 선생님이라면 어떤 방학 숙제를 내 줄까요?

나무에 올라가 3일 동안 살기? 방학 노래 작곡하기? 기상천외한 음식 만들기?

재미도 있고 공부도 되는 숙제는 없을까요? 다섯 가지 정도 적어 보아요.

1.

2.

3.

4.

5.

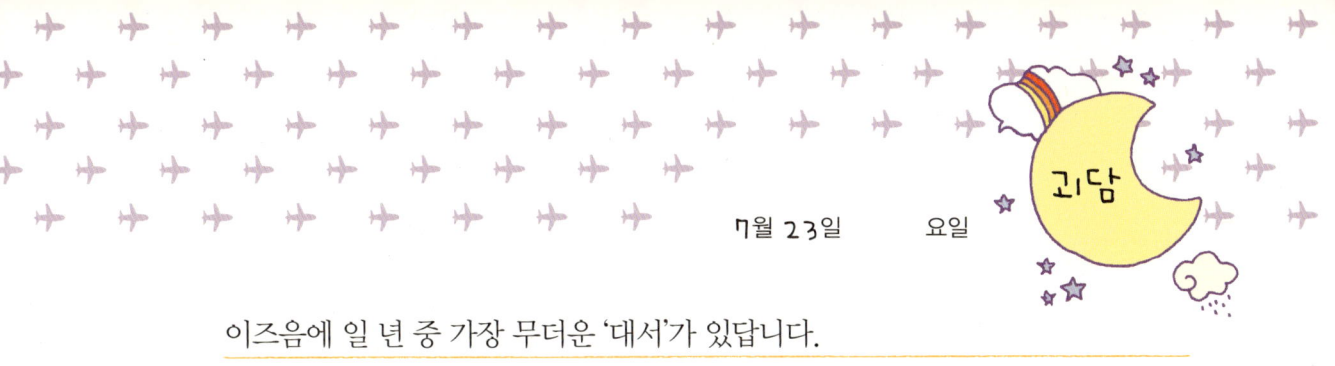

7월 23일   요일

이즈음에 일 년 중 가장 무더운 '대서'가 있답니다.
더위가 펄쩍 뛰어 도망갈 수 있도록, 아주아주 무서운 이야기를 지어 보세요.
이야기를 짓는 동안 손이 덜덜 떨리고 등이 오싹해야 합니다. 남을 무섭게
만들기 위해서는 자기 자신이 먼저 그런 기분이 들어야 하지요.
자, 준비되었나요?

지어낸 이야기를 가장 친한 친구에게 들려주어요. 그 친구의 반응이 어땠는지
여기 기록해 보아요. 무서움과 두려움이란 감정에 대해 좋은 공부가 될 거예요.

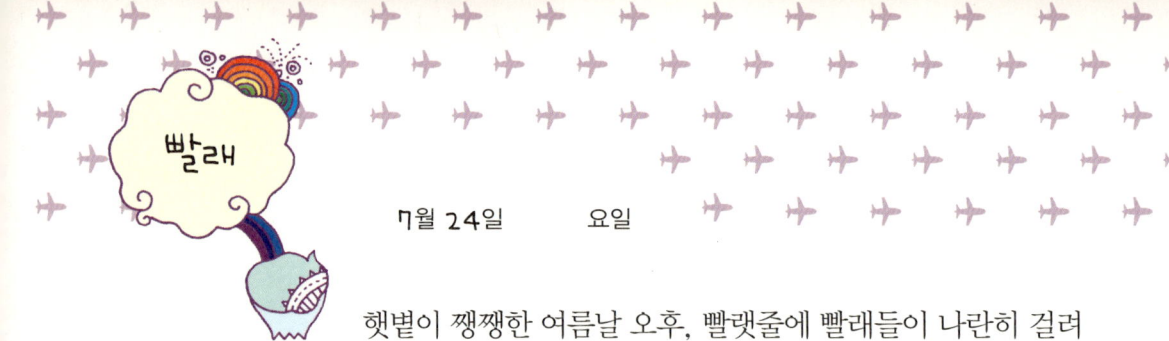

7월 24일   요일

햇볕이 쨍쨍한 여름날 오후, 빨랫줄에 빨래들이 나란히 걸려 있어요. 아버지의 등산 바지와 등산 모자, 어머니의 흰색 면 티셔츠, 내 반바지와 실내화, 동생의 노란색 양말과 토끼 인형……. 이 빨래들이 바람에 살랑살랑 몸을 흔들며 귓속말을 합니다. 무슨 이야기일까요?

7월 25일　　　요일

상추, 쑥갓, 오이, 고추, 가지, 옥수수, 호박…… 이 채소들을 가지고 이야기를 지어 볼까요?
7월의 뜨거운 햇볕을 받으며 밭에서 채소가 자라고 있어요. 아침 이슬에 세수를 하며 갖가지 채소들이 서로 자기가 멋있다고 뽐냅니다. 주인아주머니가 아침 준비를 하려고 바구니를 들고 밭으로 나올 때까지 채소들의 대화가 이어집니다.
자, 이제 시작해 보세요.

속담

7월 26일   요일

돌다리도 두들겨 보고 건너라

이 속담은 무슨 뜻일까요?

돌다리가 단단한 것은 누구나 아는 사실이지요. 그래도 두들겨 보고 건너라는 것은 어떤 일을 행할 때 아무리 확실한 것도 확인을 하고 또 하라는 의미입니다.

여러분의 일상 중에서 이 속담을 떠올릴 만한 일은 없었나요? 나의 일이나 친구의 일, 가족의 일도 괜찮아요. 그때 일을 돌이켜 간단히 적어 보세요.

아무리 찾아도 없다고요?

그렇다면 이 속담을 주제로 해서 이야기를 지어 보세요.

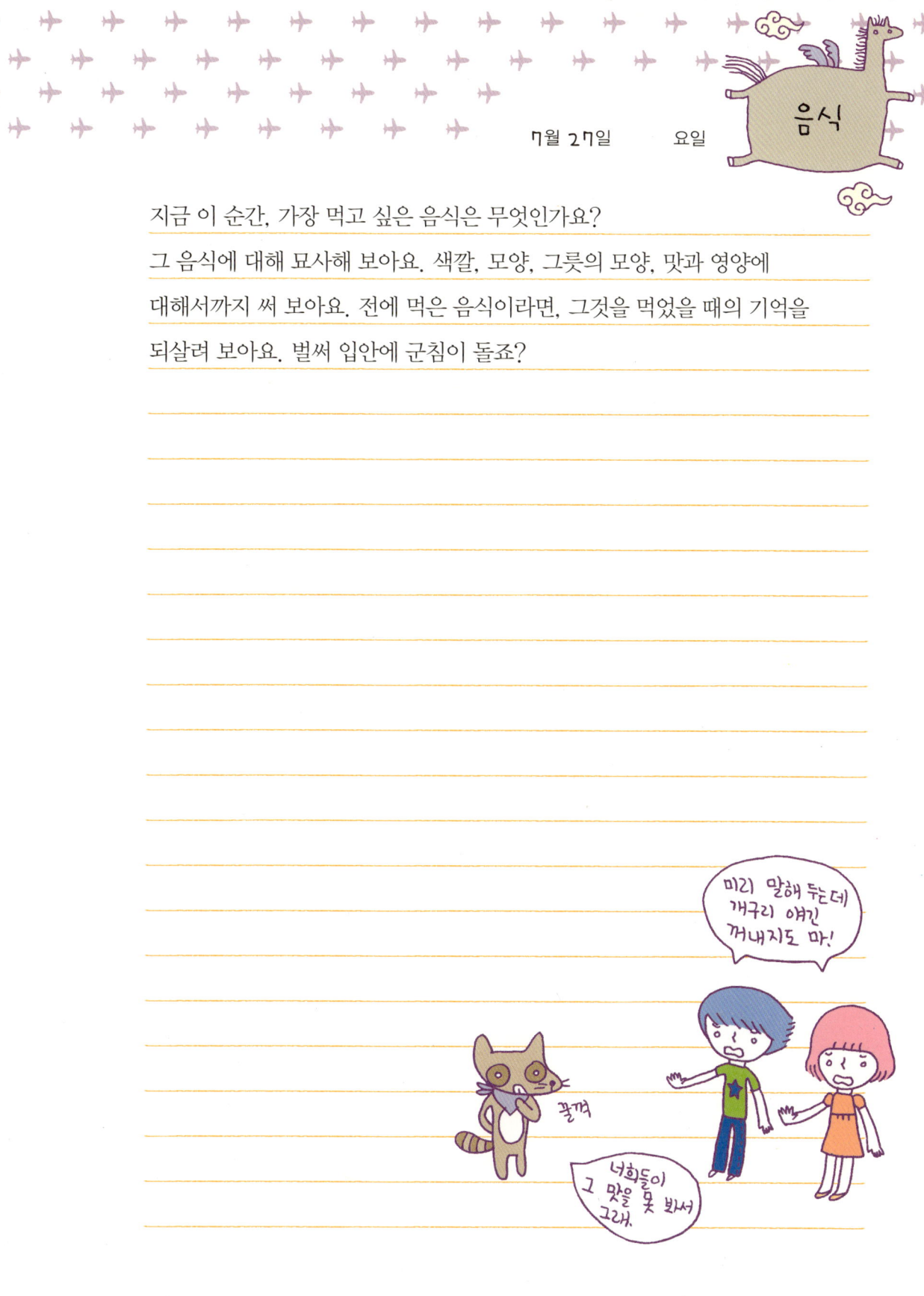

7월 27일 　　요일

지금 이 순간, 가장 먹고 싶은 음식은 무엇인가요? 그 음식에 대해 묘사해 보아요. 색깔, 모양, 그릇의 모양, 맛과 영양에 대해서까지 써 보아요. 전에 먹은 음식이라면, 그것을 먹었을 때의 기억을 되살려 보아요. 벌써 입안에 군침이 돌죠?

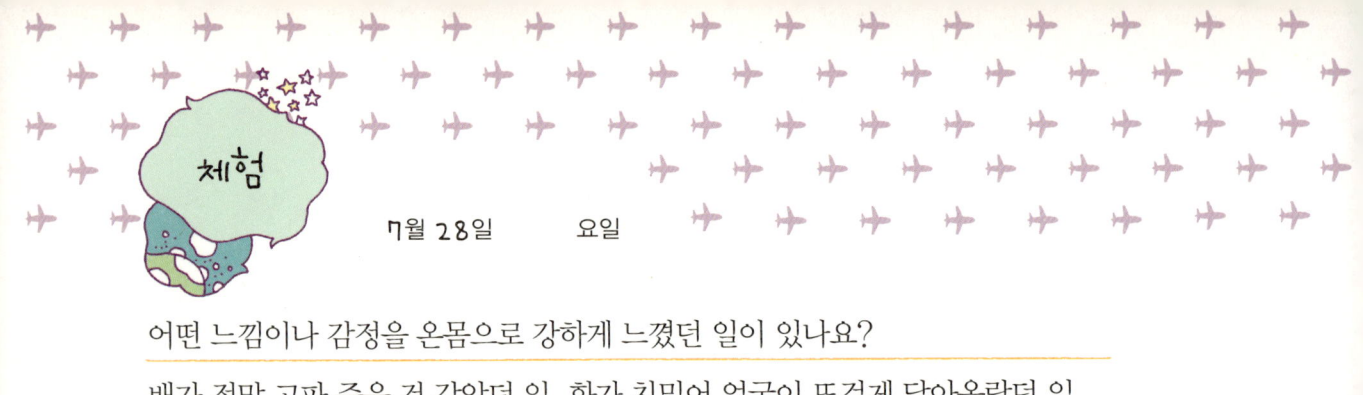

7월 28일   요일

어떤 느낌이나 감정을 온몸으로 강하게 느꼈던 일이 있나요? 배가 정말 고파 죽을 것 같았던 일, 화가 치밀어 얼굴이 뜨겁게 달아올랐던 일, 너무 웃겨 방바닥을 데굴데굴 굴렀던 일 등, 생각해 보면 한두 가지가 아닐 것입니다. 그때 일을 적어 보세요. '누가, 언제, 어디서, 무엇을, 어떻게, 왜'가 들어가도록 써야 해요.

7월 29일   요일   감상

책

김현승

가장 고요할 때
가장 외로울 때
내 영혼이 누군가의 사랑을 기다리고 있을 때,
나는 책을 연다.

밤하늘에서 별을 찾듯
책을 연다.
보석 상자의 뚜껑을 열듯
조심스러이 책을 편다.

가장 기쁠 때
내 영혼이 누군가의 선물을 기다리고 있을 때
나는 책을 연다.

나와 같이 그 기쁨을 노래할
영혼의 친구들을,
나의 행복을 미리 노래하고 간
나의 친구들을 거기서 만난다.

아— 가장 아름다운 영혼의 주택들
아— 가장 높은 정신의 성들
그리고 가장 거룩한 영혼의 무덤들……
그들의 일생은 거기에 묻혀 있다.

나의 슬픔과 나의 괴롬과
나의 희망을 노래하여 주는
내 친구들의 썩지 않는 영혼을
나는 거기서 만난다.
그리고 힘주어 손을 잡는다.

《김현승 시전집》, 민음사

위의 시를 음미하며 책이 나에게 주는 것에 대해 생각해 보세요.

7월 30일 　　　요일

방학 동안 해외여행을 간다면 어디로 가고 싶나요? 몽골? 남극? 아프리카? 인도? 가고 싶은 곳을 하나 정하고 책에서 정보를 찾아보세요. 날씨가 어떤지, 어떤 문화와 전통을 갖고 있는지, 어떤 언어와 화폐를 쓰는지, 역사와 정치 상황에 대해서도 알아보세요. 미리 알아 둔다고 해서 손해 볼 것은 없어요. 더 많이 알수록 더 많이 보이는 법이니까요. 또 책을 읽는 것 자체로도 훌륭한 여행이 될 수 있습니다. 책을 통해서 알게 된 것을 적어 보세요.

더 알찬 여행을 하고 싶다면 그곳을 다녀온 사람들의 여행담을 읽어 보세요. 여기에 관광 안내서까지 두루두루 읽고 나면, 마치 직접 가 본 것 같은 흡족함이 들 것입니다. 이래서 독서를 간접 경험이라고 하는 거지요.

8월

월요일	화요일	수요일	목요일	금요일	토요일	일요일

8월 1일 요일

친구와 밤길을 걸어 본 적이 있나요? 무슨 소리가 들려 등이 오싹했거나,
멀리 불빛이 반짝반짝하며 무언가 나를 노리고 있는 느낌은 없었나요?
캄캄한 숲 속에서 밤을 보낸 적은 있나요?
여름밤의 추억을 적어 보세요.
사소한 것이라도 글로 기록해 두면 소중한 역사가 됩니다.

8월 2일   요일

지금까지 읽은 책에서나 만화, 영화, 인터넷 소설 들에서 평생 친구로 삼고 싶은 인물이 있었나요? 그 인물의 성격과 취향은 어떤가요? 어떤 부분이 나와 잘 맞는다고 생각하나요? 그 인물에 대해 묘사해 보세요.

본성

8월 3일   요일

인간의 본성이 착하다고 생각하나요? 그렇다면 아래 문장처럼 자신의 근거를 설명해 보아요.

인간의 본성은 착하다.
왜냐하면, 아무리 못생긴 얼굴도 웃는 모습은 예쁘기 때문이다.

인간의 본성은 착하다.
왜냐하면,

하지만 인간의 본성이 악하다는 의견도 있습니다. 여러분도 그렇게 생각하나요? 그렇다면 아래 문장처럼 자신의 근거를 써 보아요.

인간의 본성은 악하다.
왜냐하면, 거울을 닦듯이 마음을 닦지 않으면 먼지처럼 나쁜 생각이 쌓이기 때문이다.

인간의 본성은 악하다.
왜냐하면,

뭘 망설이니? 지갑을 주워서 경찰서에 갖다 줘야지!

괜찮아! 게임 시디도 사고 맛있는 것도 사 먹을 수 있잖아!

8월 4일   요일

자기 자신을 최고의 친구라고 생각해 보세요. 최고의 친구가 생기면 여러분은 무척 아껴 주겠죠? 힘들면 쉬게 해 주고, 기분이 안 좋으면 재미난 얘기를 들려주고, 맛있는 음식도 먹여 주고, 기분 좋게 산책도 시켜 주고…….
지금 최고의 친구인 나 자신을 위해 할 수 있는 것을 여기 적어 볼까요?
나 자신을 사랑하는 마음이 새록새록 들 거예요.

다 적었나요? 잠깐, 이제는 실천을 할 차례!
위에 적은 것 중 한 가지를 행동으로 옮기기 전에는 이 책을 덮지 마세요.

8월 5일   요일

즐거운 모험

삶을 살아간다는 것은 하루하루 모험을 떠나는 것과 같아요. 어떤 일이 새로이 벌어질지 아무도 모르죠. 오늘은 행운이 가득 찬 모험 이야기를 써 볼까요? 무슨 내용이든 즐거운 일이 가득 생기는 쪽으로요. 가족에게 줄 선물을 한아름 들고 집으로 돌아오는 것으로 이야기를 마쳐요.

위험한 모험

8월 6일　　　요일

모험이 항상 즐거운 것은 아니에요.

좋은 일이 있으면 나쁜 일도 있지요. 기분 좋게 모험을 마치고 집으로 돌아오는데 생각지도 못한 일을 만나게 되는 것처럼요. 어떤 일들이 그럴까요?

오늘은 안 좋은 일이 잔뜩 벌어지는 모험 이야기를 써 보아요.

사기꾼을 만나 가방을 털린 이야기, 누군가에게 붙잡혀 지하 감옥에 갇히는 이야기, 도깨비에게 홀려 산속을 헤매는 이야기……. 이야기를 짓는 동안 두려움을 느낄 거예요. 하지만 용기를 갖고 이야기를 완성해 보세요.

어쨌든 주인공은 살아 있어요.

8월 7일   요일   감상

나만 아는 비밀 노래

마거릿 와이즈 브라운

장미나무가 꽃잎을 떨어뜨리는 걸
누가 보았나요?
나예요, 거미.
그건 나만 아는 비밀이에요.

노을빛이 새에게 날아가 반짝이는 걸
누가 보았나요?
나예요, 물고기.
그건 나만 아는 비밀이에요.

바다 위로 안개가 건너오는 걸
누가 보았나요?
나예요, 바다에 사는 비둘기.
그건 나만 아는 비밀이에요.

해 뜰 때의 푸르스름한 새벽빛을
누가 보았나요?
나예요, 쏙독새.
그건 나만 아는 비밀이에요.

이끼가 바위 위를 기어가는 걸
누가 보았나요?
나예요, 회색 여우.
그건 나만 아는 비밀이랍니다.

> 여러분도 자기만의
> 비밀이 있겠죠?
> 말할 수 없다고요?
> 그렇죠, 비밀이니까요.

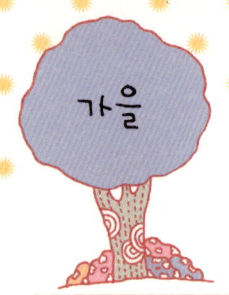

가을

8월 8일   요일

이즈음에 가을로 들어서는 절기 '입추'가 있답니다.
오늘은 술래가 되어 여름 한가운데 숨어 있는 가을을 찾아 나서요.
가을을 찾아서 데리고 나오면 안 돼요. 그냥 눈만 찡긋하고 몸을 돌려요.
아직 때가 되지 않았으니까요. 자, 가을이 어디 있는지 찾아볼까요?
아래 예문을 보고 다섯 가지를 써 보세요.

가을은 있다. 찌는 듯한 여름날, 시원한 나무 그늘 아래.
가을은 있다. 상점의 쇼윈도에서 가을 옷을 입고 서 있다.

가을은 있다.

가을은 있다.

가을은 있다.

가을은 있다.

가을은 있다.

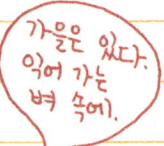
가을은 있다. 익어 가는 벼 속에.

그건 그냥 잡초란다.

8월 9일   요일

일제 강점기인 1936년 8월 9일, 손기정 선수는 제11회 베를린 올림픽 마라톤 경기에서 당당하게 우승했습니다. 수상 소감을 묻는 어느 기자에게 손기정 선수는 다음과 같이 대답했습니다.

"육체란, 의지와 정신에 따라 상상할 수 없을 만큼 불가능한 일을 가능하게 한다."

여러분은 어떻게 생각하나요? 의지와 정신만 굳건하다면 불가능한 일은 없다는 것을 느낀 적이 있나요? 그때 일을 적어 보세요.

8월 10일   요일

이즈음에 '말복'이 있을 거예요. 마지막으로 더위가 기승을 부리는 날이죠.
오늘은 더위를 쫓을 수 있는 나만의 요리를 글로 만들어 보아요.
요리책의 어느 한 페이지를 쓴다 생각해요.
이 요리법을 가지고 친구들이 실제로 요리를 할 수 있도록 친절하게 설명해 주세요.

요리 제목
특징
재료
요리 순서

친구, 시원한 냉동 피자로 더위를 쫓지 않으시겠나.

으웩.

8월 11일   요일

몸이 하는 말에 귀 기울여 보세요.

눈꺼풀이 내려앉는 것은 잠을 좀 자라는 말이고, 배에서 꼬르륵거리는 소리가 나는 것은 배가 비어 있으니 음식을 달라는 말입니다. 다리가 푹푹 꺼지는 것, 머리가 아픈 것, 목소리가 안 나오는 것도 다 몸이 말을 하고 있는 거예요.

조용히 앉아서 몸이 하는 말에 귀 기울여 보세요.

지금 여러분의 몸은 여러분에게 어떤 말을 하고 있나요?

그 말을 알아들을 사람은 바로 여러분밖에 없어요.

여러분이 그 몸의 주인이니까요. 자세히 살피고 여기에 적어 보세요.

죽음

8월 12일   요일

'한번 태어난 자는 한 번은 죽지 않으면 안 된다'는 영국 속담처럼,
사람은 누구나 태어나면 언젠가는 죽게 됩니다.
죽음은 부자든 가난한 사람이든 피할 수 없답니다.
그렇다면 죽음은 무엇일까요? 죽은 다음에 사람들은 어떻게 될까요? 사람들이
죽음을 두려워하는 까닭은 뭘까요? 여러분은 죽음을 어떻게 생각하고 있나요?
여기에 죽음에 관한 자신의 생각을 써 보세요.

8월 13일   요일

펭귄

펭귄은 날지 못하는 새입니다. 걸을 때는 날개를 양 옆구리에 딱 붙이고 두 발로 뒤뚱뒤뚱 걸어요. 왜 이렇게 되었을까요? 귀찮아서 가만히 서 있다 보니 날개가 굳어 버렸을까요?
물고기처럼 물속을 헤엄치기 위해 날개를 버린 걸까요?
펭귄 이야기를 지어 보아요. 펭귄이 좋아할 이야기, 펭귄이 웃음 지을 이야기를 지어서 들려주어요. 어떤 이야기인가요?

이야기를 다 지었나요?
만약 펭귄들에게 그 이야기를 들려준다면 뭐라고 할까요?

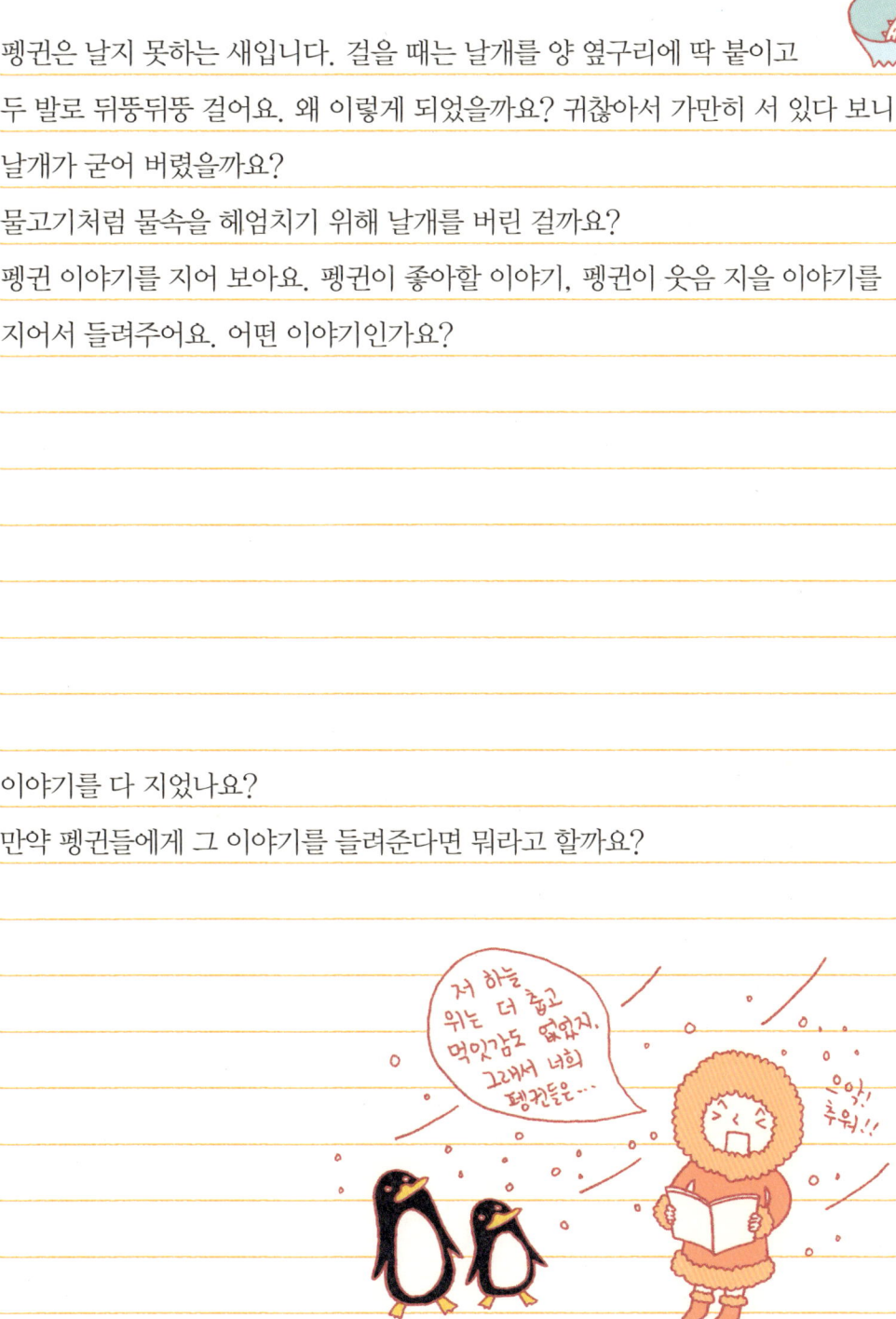

질투

8월 14일   요일

친구가 좋은 물건을 갖고 있을 때, 선생님이 다른 아이만 칭찬할 때, 할머니가 나한테는 신경도 안 쓰고 동생만 귀여워할 때 생기는 감정이 질투입니다.
여러분은 어떨 때 질투가 나죠? 그럴 때 어떻게 질투를 풀죠?

내가 질투가 날 때는

질투가 나면 나는

8월 15일 요일

1945년 8월 15일은 우리나라가 35년 동안 일본의 지배를 받다가 해방된 날입니다. 광복절을 맞이해 자유란 무엇인지 생각해 보세요.

자유란, 내 시간을 어떻게 보낼지 내가 결정하는 것.

자유란, 음식점에 가서 내가 먹을 음식을 내가 고르는 것.

자유란,

자유란,

자유란,

자유란,

자유란,

별자리 운세 8월 16일   요일

여러분의 별자리는 무엇인가요?

오늘 여러분의 별자리 운세는 어떤가요? 그대로 맞았나요? 아니면 전혀 맞지 않았나요? 내일의 운세는 여러분 스스로 만들어 보세요. 다섯 가지를 만들어 그중 하나를 뽑아 베개 속에 넣어 두어요. 다른 것은 버리세요.

친구들과 함께 하나씩 만들어 제비뽑기를 하는 것도 재미있겠죠?

내일의 운세

1.

2.

3.

4.

5.

8월 17일　　요일　　감상

살아 있는 생명체들은 누구든
마음을 나누고 싶어 해요

채인선

아무와도 말을 나누지 않고
등을 돌린 채 혼자 사는 동물은 없어요.
태어나서 죽을 때까지 어떤 방식으로든
상대방을 느끼고 소통하며 살아갑니다.
심장을 가진 생명체들은 다 그렇게 해요.
왜 그럴까요?
그건 바로 각자의 마음속 깊이
사랑의 감정이 흐르고 있기 때문이에요.
같은 지구에서 태어나 수억 만 년 전부터 함께 살아왔는데
왜 그렇지 않겠어요?
지구에 있는 동물들이
모두 하나의 세포에서 비롯되었다는 것을 생각하면
그리 놀랄 일이 아닙니다.
사람들도 마찬가지입니다.
그래서 사람들은 동물을 좋아하고,
함께 있고 싶은 거예요.

《우리 나름대로 얘기하는 방식이 있어요》, 한울림어린이

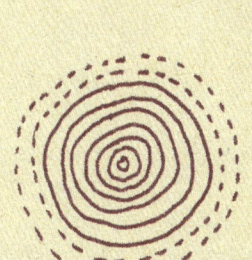

이 글을 읽으며 생명이 생명을 주목하는 까닭이 사랑 때문이라는 것을 곱씹어 보았으면 좋겠습니다.

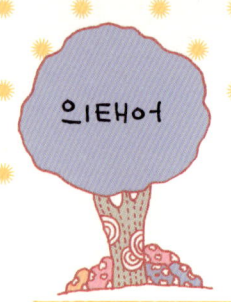

의태어

8월 18일   요일

모양이나 움직임을 흉내 낸 말을 의태어라고 합니다.
아래 의태어를 넣어 이야기를 지어 보세요.
누구를 주인공으로 삼아도 좋지만, 아래 의태어가 모두 들어 있는 이야기여야 합니다. 상상을 뛰어넘는 이야기를 만들어 보세요. 도깨비 이야기나 귀신 이야기, 빗자루와 먼지떨이가 싸우는 이야기 등은 어떨까요?

헐레벌떡 / 어기적어기적 / 후닥닥 / 아옹다옹 / 비틀비틀 / 화들짝 / 보글보글

고양이가 보글보글?

이건 좀 아니라는 생각 안 들어?

8월 19일   요일

독립

여러분은 나중에 어른이 되어서도 부모님과 함께 살고 싶은가요?
그 이유를 다섯 가지 적어 보세요. 아니면 따로 살고 싶다고요?
그 이유도 다섯 가지만 적어 보세요.

부모님과 함께 살고 싶은 이유

1.
2.
3.
4.
5.

부모님과 따로 살고 싶은 이유

1.
2.
3.
4.
5.

이유를 쓰고 나니 어떤 쪽이 더 마음에 끌리나요?

> 같이 살면 우리 신랑이랑 마음 놓고 뽀뽀할 수가 없잖아요.

> 잘 됐네. 나도 우리 신랑이랑 뽀뽀 좀 실컷 하자.

8월 20일 　　요일

　　오늘 하루를 돌이켜 보아요.

가장 즐거웠던 일은 무엇이죠? 가장 마음 상했던 일은요?
가장 긴장되었던 일과 가장 불안했던 일은 무엇인가요? 가장 들떴던 일은요?
오늘 일어난 일들과 그에 따른 마음의 변화를 써 보세요.
'하루 동안 내 마음이 이렇게 변화무쌍했다니!' 하고 느낄 것입니다.

8월 21일   요일

아래 낱말을 가지고 예문처럼 설명해 보세요.
시처럼 멋지게 써 보세요.

바람이란, 잡으려면 도망가고 모른 척하면 나를 붙잡으려고 하는 것.

무지개란,

안개란,

이슬이란,

구름이란,

비란,

천둥이란,

무지개란 잡힐 듯 잡히지 않는 인생 같은 것.

조숙한 건가...

부자

8월 22일   요일

성경에는 부자가 하늘나라에 들어가는 것은 낙타가 바늘구멍으로 들어가는 것보다 어렵다는 말이 있어요. 여러분은 어떻게 생각하나요?
부자가 되어서도 하늘나라에 갈 수 있으려면 어떻게 해야 할까요?

재물이 많은 부자도 있지만 재물에 집착하지 않는 마음 부자도 있어요.
마음 부자는 하늘나라 가는 데 별문제가 없겠죠?
여러분은 어떤 부자가 되고 싶은가요? 재물 부자? 마음 부자?

8월 23일   요일

내일 이런 일이 벌어질지 몰라요.
학교가 끝나고 교문을 나서는데 교장 선생님이 앞을 딱 가로막고 서 있어요.
수수께끼를 풀어야 집으로 보내 준다고 합니다.
교장 선생님이 낸 수수께끼는 다음과 같아요. 알아맞힐 수 있겠어요?

못 사 오게 했는데 사 온 것은?
먹으면 죽는데 안 먹을 수 없는 것은?
도둑이 가장 좋아하는 돈은?
다홍 주머니에 금화 백 냥이 든 것은?
물을 먹으면 죽고 바람을 먹으면 사는 것은?
뭐든지 자꾸 보겠다고 하는 곡식은?
물을 맞으면 도는 것은?
술 취한 무는?

정답: 나이, 늙어도는, 고추, 고춧가루, 꽁, 보리, 물레방아, 홍당무.

8월 24일   요일

그리스 속담에 '글을 쓰는 사람은 두 번 읽는다'는 말이 있어요.
글을 쓰려면 남이 쓴 글을 여러 번 음미하며 읽어야 한다는 뜻입니다.
여러분은 글을 쓰는 사람이 어때야 한다고 생각하나요? 아래에 적어 보세요.

글을 쓰는 사람은 청소를 두 번 한다. 한 번은 공책을 찾으러, 또 한 번은 연필을 찾으러.

글을 쓰는 사람은 두 번 바라본다. 한 번은 그냥 바라보고, 또 한 번은 자세히 본다.

글을 쓰는 사람은

글을 쓰는 사람은

글을 쓰는 사람은

글을 쓰는 사람은

글을 쓰는 사람은

> 두 번 잠을 잔다. 한 번은 낮에 글을 쓰다가 잠들고, 또 한 번은 밤이라서 잠든다.

8월 25일　　요일

고슴도치도 자기 새끼는 귀엽다고 한다

이 말은 아무리 못나고 부족한 자식이라 해도 그 부모만은 예쁘고 귀엽게 여긴다는 뜻입니다. 자, 그럼 이 속담을 가지고 짧은 이야기를 지어 볼까요? 자기 아이가 세상에서 가장 멋지다고 생각하는 부모가 등장해야겠죠? 위의 속담이 이야기 중에 한 번은 나오도록 꾸며 보세요.

이야기가 잘 안 풀리면 '고슴도치도 자기 부모는 멋지다고 한다.'를 글머리로 해서 써 보아요. 부모님을 생각하는 시간도 되겠죠?

8월 26일   요일   감상

물도 꿈을 꾼다

권오삼

물도 꿈이 있기에 꿈을 꿉니다.
꿈을 꾸기에
어디론가 흘러갑니다.

작은 나뭇잎 싣고
조약돌 위로
졸졸졸 소리내어 흐르면
노래하는 개울물이 되는
물.

달과 별,
산 그림자를
가슴에 품고
하늘을 우러르면
한없이 고요해지는 마음.
생각하는 호수가 되는
물.

벼랑을 만나면
스스로 몸을 던져
천지를 울리며
하얀 물보라를 피우는
폭포가 되는
물.

물도 꿈이 있기에 꿈을 꿉니다.
꿈을 꾸기에
노래하고
생각하고
물보라를 피우며
어디론가
흘러갑니다.

《물도 꿈을 꾼다》, 지식산업사

> 시를 읽으며 꿈을 꾸는 물, 생각하는 물, 노래하는 물을 느껴 보아요. 물도 꿈을 꾸는데 사람은 더 꿈을 꾸겠죠?

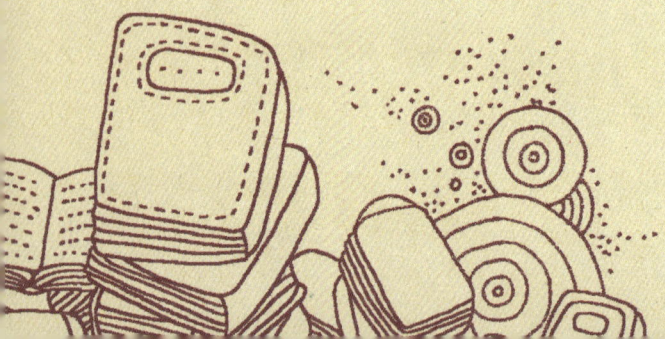

8월 27일   요일

개학을 했죠? 친구들을 다시 보니 반갑죠? 친구들이 어떻게 방학을 보냈다고 하나요? 특별한 경험을 했다고 하나요? 예기치 않은 일을 겪었던가요? 친구에게 들은 이야기 중 인상 깊은 것을 여기 적어 보세요.
나중에 글을 쓸 때 소중한 자료가 될 거예요.

나에게 있었던 일이 더 흥미롭다고요? 그럼 그 일을 여기 적어 두어요.
약간 과장을 해도 괜찮아요. 아무도 모를 테니까요.

나만 따분한 방학을 보냈을까 봐 걱정했는데…

다들 따분했다니 왠지 안심이야.

최초의 기억

8월 28일   요일

태어나서 지금까지 기억나는 일 중에서 가장 어릴 때의 일은 어떤 것인가요?

몇 살 때였는지, 봄 여름 가을 겨울 중 어느 때였는지……. 곁에 누가 있었죠?

여러분 일생 최초의 기억을 떠올리고 그것을 글로 써 보세요.

생각이 안 나는 부분은 여러분의 상상으로 메우세요.

글을 쓰는 것은 어느 면에서는 잃어버린 기억을 되살리는 일과 같답니다.

> 내가 태어나던 날이었지. 맑은 하늘에 천둥 번개가 치더니 연못에서 용이 치솟아 올라서 우리 엄마 품속으로…

> 몽땅 다 상상으로 메우지는 마!

8월 29일   요일

친구와 싸운 적이 있지요?

다시 친하게 지내고 싶지만 어떻게 말해야 할지 몰라 서먹해졌다고요?

여기에 화해의 편지를 써 보세요. 할 말을 미리 연습한다고 생각해요.

_____에게

                                                              _____가

친구에게 받고 싶은 답장을 대신 써 볼까요? 재미난 경험이 될 거예요.

어쩌면 친구의 마음을 알게 될지 모르죠.

_____에게

                                                              _____가

역사

8월 30일   요일

올해 8월 30일 나에게 기상천외한 일이 일어난다면 어떨까요?
나도 몰랐는데 내가 미래에서 온 아이였다든지, 동물의 말을 알아듣는 신비한
능력이 생겼다든지, 또는 누가 내 앞으로 거액의 유산을 남겼다든지…….
오늘 나의 역사는 세계의 역사! 모두에게 감탄이 나올 수 있는 일로 만들어 보아요.

다 기록했으면 눈을 감고 상상해 보아요.
그런 일이 정말 일어난다면 어떨까 하고요.
그 기분을 흠뻑 만끽해요.

8월 31일   요일

여름이 가고 가을로 접어드는 때입니다.
여러분은 여름을 어떻게 느끼나요? 가을은 또 어떻게 느끼나요?
여러분의 여름과 가을을 아래 예문처럼 비교해 보세요.

여름은 꽃이 활짝 핀 한낮, 가을은 꽃이 지는 오후.
여름은 천둥 번개, 가을은 비에 씻겨 말끔한 하늘.
여름은 주인을 보고 뛰어오는 강아지, 가을은 느릿느릿 구석으로 숨는 고양이.

여름은 _____ , 가을은 _____ .

여름은 _____ , 가을은 _____ .

여름은 _____ , 가을은 _____ .

여름은 _____ , 가을은 _____ .

9월

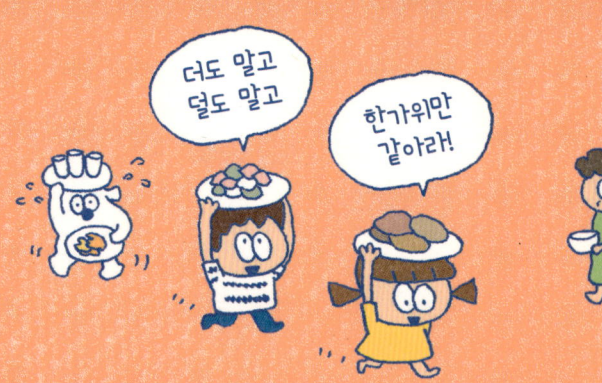

월요일	화요일	수요일	목요일	금요일	토요일	일요일

9월 1일   요일

가을은 독서의 계절이라고 해서 예로부터 책을 즐겨 읽었습니다.
하지만 통계에 따르면 가을은 날씨가 좋아 산으로 들로 놀러 다니느라
책을 덜 읽는다고도 하네요.
여러분은 이 가을에 어떤 책을 읽을 계획인가요? 읽고 싶은 책을 여기 적어 보아요.
가을을 알차게 보내려면 열 권은 되어야겠죠?

	제목	지은이	출판사
1			
2			
3			
4			
5			
6			
7			
8			
9			
10			

마음이 튼튼해졌어.

9월 2일   요일

모든 일에는 다 때가 있다

모든 일에는 다 때가 있다.

세상에서 일어나는 일마다

알맞은 때가 있다.

태어날 때가 있고, 죽을 때가 있다.

심을 때가 있고, 뽑을 때가 있다.

죽일 때가 있고, 살릴 때가 있다.

허물 때가 있고, 세울 때가 있다.

울 때가 있고, 웃을 때가 있다.

통곡할 때가 있고, 기뻐 춤출 때가 있다.

돌을 흩어 버릴 때가 있고, 모아들일 때가 있다.

껴안을 때가 있고, 껴안는 것을 삼갈 때가 있다.

찾아 나설 때가 있고, 포기할 때가 있다.

간직할 때가 있고, 버릴 때가 있다.

찢을 때가 있고, 꿰맬 때가 있다.

말하지 않을 때가 있고, 말할 때가 있다.

사랑할 때가 있고, 미워할 때가 있다.

전쟁을 치를 때가 있고, 평화를 누릴 때가 있다.

《성경전서 표준새번역 개정판》, 대한성서공회

아래 글은 《구약 성서》 중 '전도서'에 나오는 구절입니다.
소리 내어 읽은 다음, 지금 나는 무엇을 할 때인가 생각해 보세요.

9월 3일   요일

친구의 말

요즘 친구들에게 들었던 말 중에서 듣기 좋았던 말과 듣기 싫었던 말을 떠올려 보아요. 이렇게 나눠서 적으면 그 말의 진심을 다시 한 번 곱씹어 볼 수 있을 겁니다. 듣기 좋았던 말은 그냥 별 뜻 없이 기분 좋으라고 한 말일 수 있고, 듣기 싫었던 말은 오히려 한참을 망설이다가 정말 나를 위해 했을 수도 있습니다. 아래에 하나하나 적어 봅시다.

듣기 좋았던 말

듣기 싫었던 말

내 생각에 너는 머리가 나쁜 것 같아.

…

9월 4일   요일

세상에서 가장 뜻깊고 목적 있는 행동은 남을 위한 행동이 아닐까요?
여러분의 하루를 돌이켜 보고 오늘 내가 그런 행동을 했는지 찾아보세요.
예를 들어 친구가 버린 휴지를 내가 주워 쓰레기통에 넣은 것,
결석한 친구에게 전화로 준비물과 숙제를 알려 준 것,
나를 화나게 한 친구를 용서한 것 등…….
작은 행동이지만 그 의미는 아주 클 수 있답니다.

남을 위해 한 행동

1.

2.

3.

4.

5.

> 난 지금 '세상에서 유일하게 뜻깊고 목적 있는 행동'을 하고 있다고. 알아?

9월 5일   요일

반 친구들 중에서 외계에서 온 듯 보이는 아이는 없나요?
하는 행동이 특이하지만 오히려 그것 때문에 주위 사람들을
기분 좋게 만드는 아이, 혹시 외계인이 아닐까요?
같은 반 친구들을 한 명씩 떠올려 보며 외계인을 찾아내세요.
자, 누구죠? 어떤 특이한 행동을 했나요?

친구들이 내가 외계인 같다고 한다고요?
그럼 내가 외계인? 설마요.

9월 6일   요일

 작가들은 왜 책을 내려고 할까요?

멋진 작품을 남기고 싶어서? 유명해지고 싶어서? 아니면 큰돈을 벌고 싶어서?

작가들이 책을 내는 이유에 대해 적어 볼까요? 다섯 가지는 채워야 해요.

책을 내는 이유

1.

2.

3.

4.

5.

9월 7일   요일

오늘 하루의 성적표를 매겨 보아요.

하루가 즐겁고 보람되고…… 한마디로 무척 좋은 날이었다 싶을 때는 'Excellent', 꽤 괜찮은 하루였다고 생각하면 'Good', 좋지도 않고 나쁘지도 않을 때는 'Not Bad'를 주세요. 나빴다고 생각되면 'Poor'를, 마지막으로 최악이다 싶은 날은 'Terrible'을 주세요. 왜 그런 점수를 매겼는지도 써 보세요.

Excellent를 줄 수 없다고 해서 속상해하지 마세요.

우리에게는 내일이 있으니까요!

오늘 점수:

이유:

Excellent: 아주 보람된 하루를 보냈어요!
Good: 만족스러웠어요!
Not Bad: 나쁘지는 않았어요!
Poor : 좀 더 노력하자고요!
Terrible : 내일은 이보다 나을 테니 안심해요!

9월 8일   요일

여러분은 빨리 커서 어른이 되고 싶은가요? 아니면 더 크지 않고 어린이로만 있고 싶은가요? 어른이 되면 내 맘대로 연애도 하고 돈도 벌고 여행도 가고 하니 좋겠다고요? 하지만 어린이로 남아 있다면 어린이날 선물도 받고 힘들게 일하지 않아도 되어 좋겠다고요? 오늘 한번 조목조목 따져 볼까요?

어른이 되면 좋은 점

어린이로 있을 때 좋은 점

어느 쪽이 좋은 점이 더 많나요? 좋은 점이 더 많은 쪽으로 결정하세요.

9월 9일   요일

모든 걱정에는 다 해결책이 있습니다. 걱정 속에 파묻혀 있기 때문에 해결책을 못 찾는 것뿐입니다. 여기에 지금 드는 걱정을 세 가지 쓰세요. 그것들이 마치 남의 걱정인 듯 마음의 거리를 두고 음미한 다음, 해결책을 생각해 보세요. 반드시 해결책이 있다는 것을 믿으세요. 얻어 낸 해결책을 걱정 옆에 쓰세요. 이것으로 걱정 끝!

내가 운동화를 잃어버렸다는 것을 어머니가 아실까?
→ 어머니께 솔직하게 먼저 말씀드린다.

2070년에 지구에 큰일이 일어난다던데.
→ 설령 그런다 해도 어쩔 수 없다. 지금 내가 하는 일을 충실히 하자.

1.

2.

3.

병아리

9월 10일　　　요일

　　　암탉이 알을 낳았어요. 몰래 닭장 문을 열고 들어가
알을 꺼내 오는데 그만 돌에 걸려 넘어져 달걀을 떨어뜨렸어요.
그랬더니 깨진 달걀에서 눈도 안 뜬 병아리가 나와서는 뭐라고 떠드는 거예요.
가만히 들어 보니…….
병아리가 뭐라고 말했을까요? 삐악삐악이라고 들리는 햇병아리의 말을
여러분이 번역해 보아요.

나무 위에서 그 광경을 본 참새들도 짹짹짹 하며 뭐라고 그러는데요?
참새들의 말도 번역해 이야기를 완성해 보아요.

9월 11일   요일

용서란 무엇일까요? 어떻게 하는 것이 용서인가요?
아래 예시를 보고 자신이 생각하는 용서가 무엇인지 적어 보아요.

용서란, 동생이 내 얼굴에다 대고 재채기를 했을 때 너그럽게 웃고 마는 것.
용서란, 잘못을 사과하는 사람을 미워하거나 원망하지 않는 것.

용서란,

용서란,

용서란,

용서란,

용서란,

9월 12일   요일

음력으로 8월 15일은 추석입니다.

추석에 차리는 차례상에 관해 알아볼까요? 차례상에 놓는 음식들, 요리법, 음식을 놓는 위치 등을 조사해서 정리해 두었다가, 상 차릴 때 부모님께 한마디 해 보세요. 아마 여러분을 대견스러워하실 거예요.

추석 차례상 차리는 법

9월 13일　　　요일

만화책

여러분은 만화책을 좋아하나요?

만화책으로 명작도 읽고, 공부도 한다고요? 그럼 만화책은 글로 된 책에 비해 어떤 점이 좋고 어떤 점이 안 좋을까요? 좋은 점 다섯 가지와 안 좋은 점 다섯 가지를 적어 보세요.

만화책이 더 좋은 점

1.
2.
3.
4.
5.

만화책이 더 안 좋은 점

1.
2.
3.
4
5.

좋은 점이 더 많은가요? 안 좋은 점이 더 많은가요? 좋은 점을 더 많이 적었다면 오늘은 만화책을 보아요. 하지만 내일은······.

9월 14일   요일

오리너구리는 몸은 너구리 모양이지만 오리처럼 부리를 갖고 있어요.
처음에 보면 좀 우스꽝스럽게 느껴집니다.
어떻게 해서 지금과 같은 몸을 갖게 되었는지 궁금하지 않나요?
나이 어린 동생에게 재미있게 얘기해 준다고 치고 여기 써 보세요.

오리너구리의 발에는 다섯 개의 발가락이 있는데 발가락 사이에 물갈퀴가
있답니다. 땅 위를 돌아다닐 때는 물갈퀴를 접을 수 있어 편리하지요.
그리고 포유동물인데도 알을 낳습니다. 오리너구리는 오리에 가까울까요,
너구리에 가까울까요?

9월 15일   요일   감상

어떤 책들

채인선

어떤 책은 크고 어떤 책은 아주 작다.
어떤 책은 하이힐을 신은 것처럼 날씬하고 어떤 책은 샌드백처럼 퉁퉁하다.
어떤 책은 요란한 장식을 좋아하고 어떤 책은 그저 수수하다.
어떤 책은 추위를 많이 타서 자켓을 입고 벨트를 두르기도 했다.
어떤 책은 그저 웃기기만 한다. 하지만 어떤 책은 꽤 진지하다.
어떤 책은 친절하고 어떤 책은 퉁명스럽다.
어떤 책은 과묵하고 어떤 책은 수다스럽다.
어떤 책은 무슨 말을 하는지 잘 이해가 가지만
어떤 책은 도무지 이해가 안 된다.
어떤 책은 아무도 모르게 공간이동을 한다. 책상 위에서 식탁 바닥으로.
이 가방에서 저 가방으로.
어떤 책은 혼자 숨어 있기를 좋아한다. 침대 밑에서, 책장 속에서.
어떤 책은 꾸짖고 어떤 책은 슬픈 마음을 위로한다.
어떤 책은 바위처럼 점잖고 어떤 책은 호수처럼 고요하다.
책은 저마다 다르다. 사람들처럼.
책도 사람들에 대해 말한다. 저마다 다르다고.
그들도 다 어떤 어떤 사람들이라고.
아무 책이나 좋아하지 않고 어떤 책들을 좋아한다고.
그래서 어떤 사람과 어떤 책은 서로를 알아본다.
팔짱을 끼고, 품에 안고, 둘만의 시간을 보낸다.

위의 글은 책으로 둘러싸인 서재에서 책 한 권 한 권을 눈여겨보다가 쓰게 되었습니다.
여러분의 책들은 어떤 책들인가요? 이 글을 읽고 재미난 상상을 해 보아요.

9월 16일   요일

아이디어는 이야기를 짓기 위한 실마리입니다.
실마리가 있어야 실이 풀리는 것처럼 이야기를 짓는 데도 아이디어가 필요해요.
오늘은 몇 가지 아이디어를 떠올리고 간단히 메모해 보세요. 이렇게요.

**열세 살 아이 연지는 어느 날 부모님께 충격적인 얘기를 듣는다.
부모님이 실제 사람이 아니라 사람으로 변신한 여우라는 것!**

**어느 날 공룡 박물관에 간 현수는 친구들과 흩어져 다니다가 낯선 방에서 잠이
들게 된다. 이상한 기분에 놀라 눈을 뜨니……**

이제 여러분 차례입니다. 세 가지 정도 써 보세요.

1.

2.

3.

9월 17일   요일

어제 적어 둔 아이디어 중 가장 마음에 드는 것을 골라
이야기의 제목을 달고 첫 번째 단락을 써 보아요.
잘 진행되면 끝까지 다 써 보세요.

잘 생각이 안 난다고요? 중간에 막힌다고요?
그게 바로 그 유명한 '창작의 벽'입니다. 흔히 벽에 부딪혔다고 말하지요.
벽에 부딪혔다 싶으면 돌아가면 됩니다.
돌아가세요. 처음 아이디어로! 혹은 다른 아이디어로!

보물 상자

9월 18일   요일

작가들은 저마다 자기만의 보물 상자를 갖고 있습니다. 보통 사람들은 그것을 금고에 넣고 잠가 두지만 작가들은 그것을 가까이 두고 수시로 열어 보지요.

어떤 보물이냐고요? 어릴 적 맘껏 뛰놀았던 추억, 처음 누군가를 보고 가슴이 두근두근했던 때, 친구들과 캄캄한 거리를 헤매었던 기억들…….

이런 보물이라면 여러분도 있겠죠?

오늘은 여러분의 보물 상자에서 가장 소중한 보물을 꺼내 보여 주세요.

한 단락 정도로 짧게 이야기하면 됩니다.

9월 19일   요일

이모티콘

여러분은 이모티콘을 얼마나 많이 알고 있나요? 대체 이런 것은 누가 만들까 궁금하지 않나요? 장래에 이모티콘 만드는 일을 한다면 스트레스 없이 즐겁게 돈을 벌겠죠? 진짜 그런지 오늘 실험해 보아요. 아직 세상에 나오지 않은 이모티콘을 만들어 보는 겁니다. 여러 가지 감정이나 상황을 잘 표현해 보세요.

해몽

9월 20일   요일

꿈에서 돼지를 보면 복이 들어온다고 해요. 꿈에서 집에 불이 나면 엄청나게 좋은 일이 일어날 징조라고 하지요. 이런 꿈풀이를 '해몽'이라고도 해요. 최근에 뭔가 좀 특별한 꿈을 꾸지 않았나요? 그 꿈을 내가 직접 해몽해 볼까요? 꿈에 나왔던 물건, 사람, 주고받았던 대화 등에서 단서를 찾아보아요. 무섭고 안 좋은 내용이라면 기분 좋은 해몽으로 바꾸어 보아요.

꿈 내용

해몽

전문적인 꿈 해설가라고 생각하고 도전해 보아요.

9월 21일 　　요일

지구는 지금 몸살을 앓고 있어요.

사람들이 지구를 제멋대로 파헤치고 더럽혀서 그래요. 홍수가 나고 지진이 나는 것, 때아닌 우박이 떨어지고 회오리바람이 부는 것은 당연해요.

몸살을 앓고 있는 지구가 몸을 뒤척이고 눈물을 쏟고 신음을 하는 거지요.

오늘은 지구가 어떤 증세를 보였죠? 지구가 자신이 아프다는 것을 어떻게 우리에게 알리고 있을까요? 아래에 써 보세요.

9월 22일　　　요일

아래는 전남 목포에서 부르던 '강강술래' 노래입니다.
그리고 그 옆은 요즘 아이들이 만든 '강강술래'지요. 여러분이 이어서 써 보세요.

전남 목포 강강술래	아이들이 만든 강강술래
산아 산아 추영산아 강강술래	아침 일찍 일어나서 강강술래
높이 떴다 백두산아 강강술래	얼른 학교에 갔더니만 강강술래
잎이 피면 청산이요 강강술래	선생님은 안 오시고 강강술래
꽃이 피면 화산이요 강강술래	아이들만 재잘재잘 강강술래
청산 화산 넘어가면 우리 부모 보련마는 강강술래	웬일인가 물어보니 강강술래
남의 부모 명자 씨는 책장마다 실렸는고 강강술래	
해는 지고 달 떠 온다 강강술래	
하늘에는 베틀 놓고 강강술래	
구름 잡아 잉어 걸고 강강술래	

강강술래
뼈다귀도 같이 돌자 강강술래

9월 23일　　요일

운명을 피하려다가 오히려 딱 마주친 일이 있나요?
동생 몰래 아이스크림을 먹으려고 화장실로 들어갔는데 동생이 변기 위에 앉아 있는 경우, 피구할 때 공을 피하려고 몸을 낮추었는데 오히려 그 때문에 공을 맞았던 일이 그런 때겠지요.
운명과 마주쳤던 일을 떠올려 보고 적어 보세요.

결혼

9월 24일   요일

여러분은 결혼을 꼭 하고 싶은가요? 하기 싫은가요?

신중하게 5분 동안 생각한 다음, 아래에 표시해 보세요.

나는 결혼을 하고 싶다.(   ) / 하기 싫다.(   )

그리고 그 이유를 써 보아요.

1.

2.

3.

4.

5.

만약 다섯 가지를 못 채우겠다면 이제라도 마음을 바꾸는 게 좋아요.

나는 결혼을 하고 싶다. (   ) / 하기 싫다. (   )

9월 25일   요일

배가 나올 때죠?

배가 얼마나 크죠? 작다고요?

배가 없으면 어떻게 될까요?

위의 질문은 모두 배에 관한 것입니다. 그런데 어느 배일까요?

먹는 배? 타고 가는 배? 몸의 배?

오늘은 위의 세 가지 배를 가지고 즐거운 이야기를 지어 보아요.

듣는 사람들이 어느 배를 말하는지 헷갈리도록 하는 것이 오늘의

글쓰기 숙제입니다.

자, 시작해 볼까요?

유혹

9월 26일   요일

여러분은 유혹이 뭔지 알지요?

유혹을 물리친 적이 있을 거예요. 초콜릿을 먹고 싶었지만 저녁밥 때문에 참은 것,
떡볶이집을 지나면서 눈길조차 주지 않은 것, 부모님 지갑을 보고도 열지 않고
그냥 가져다 드린 것 등. 그 여러 가지 일 중에서 가장 견디기 힘든 유혹은
어떤 것이었죠? 여기 그 일들을 적어 보세요.

과연 그 유혹을 이겨 냈나요? 아니면 유혹에 빠져 일을 그르쳤나요?

9월 27일 　　　요일

가을철은 논밭에 일이 많은 때입니다. 여름내 자란 곡식과 과일을 거두어들이는 계절이기 때문입니다. 거두어들이는 것은 마음은 즐겁지만 몸에는 힘든 노동입니다.
오늘은 이렇게 마음은 즐겁지만 몸에는 힘든 일을 찾아볼까요?
요리하기? 강아지 목욕시키기?

상실감

9월 28일   요일

내가 정말 좋아하고 소중하게 생각하는 것을 잃은 적이 있나요?

친구에게서 받은 편지, 늘 갖고 다니던 필통처럼 추억이 깃든 물건을 잃어버리면 아쉽고 허전해 마음에 구멍이 뚫린 듯합니다.

어떤 일이 있었나요? 잃어버린 것은 무엇이죠?

담담하게 털어놓는 것만으로도 위로를 받을 수 있어요.

또한 잃어버린 물건을 상세히 묘사해 두면 생각날 때마다 읽어 볼 수 있어서 좋답니다.

9월 29일   요일

세대 차이

아버지와 어머니, 형제자매에게서 세대 차이를 느낀 적이 있지요? 어떨 때였나요? 그때 일을 여기 적어 보세요. 생각해 보면 세대 차이가 무조건 나쁜 것은 아닙니다. 서로 도움을 줄 수 있으니까요. 세대 차이에 대한 여러분의 생각도 함께 적어 보세요.

세대 차이를 전혀 느낄 수 없었던 일도 있겠죠?
의견이 모두 일치했던 때, 모두 한마음이었던 경우를 여기 적어 보아요.

어유, 너랑은 세대 차이가 나서 얘길 못하겠어!

9월 30일   요일   감상

전쟁을 해서는 안 되는 이유

두 나라 사이에 갈등이 생겨 국경선에서 양편의 군대들이 맞서게 되었다. 곧 전쟁이 벌어질 위험한 시기였다. 양편의 사령관은 척후병을 보내 어디로 진격해야 쉽사리 이웃 나라에 침입할 수 있는가를 알아오도록 했다. 두 척후병은 돌아와서 사령관에게 이렇게 보고했다.
"우리가 적국으로 침입할 수 있는 곳은 이 국경선에서 단 한 곳밖에 없습니다. 다른 곳은 모두 높은 산악 지대거나 깊은 강입니다. 그런데 그곳에는 한 농부의 밭이 있습니다. 그는 그곳에 있는 조그만 집에서 아내와 아이들과 함께 편안히 잘 살고 있습니다. 정말 이 세상에서 가장 행복한 사람입니다. 우리가 이 조그만 밭을 넘어 적국으로 진격하면 그 행복은 깨질 것입니다. 그러므로 전쟁을 해서는 안 됩니다."
사령관들도 이러한 사정을 이해할 수 있었다. 그리고 누구나 짐작할 수 있듯 끝내 전쟁은 일어나지 않았다.

> 윗글은 중국의 옛이야기입니다. 이야기를 읽으며 전쟁과 평화, 행복을 떠올려 보세요.

10월

월요일	화요일	수요일	목요일	금요일	토요일	일요일	메모

10월 1일   요일

오늘은 '국군의 날'입니다.

여러분은 군대가 꼭 필요하다고 생각하나요?

군대가 있어서 전쟁이 일어날까요? 전쟁이 있기 때문에 군대도 있는 걸까요?

자기 의견을 조리 있게 펼쳐 보아요. 나와 의견이 다른 사람들이 내 앞에 있다 생각해요. 그들이 고개를 끄덕이며 수긍을 하게 된다면 좋겠죠?

어때요? 성공했나요?

10월 2일 　 요일

사람은 언제 노인이 될까요? 일흔 살, 여든 살?

여러분은 그때가 되면 무엇을 하고 싶은가요? 하고 싶지 않은 것은 또 무엇일까요?

이 공책을 늙도록 간직한다면 지금 기록해 두는 것을 그때 볼 수 있겠죠?

노인이 되어서 하고 싶은 것

노인이 되어서 하고 싶지 않은 것

10월 3일 　　　　요일

10월 3일 개천절은 우리 민족의 시조인 단군이 하늘 문을 열고 내려와 나라를 세운 것을 기념하는 날입니다. 너무 간단한 설명이죠?
여러분이 개천절에 대해 자료를 좀 더 찾아보세요. 언제, 어떻게, 어디에서 무슨 일이 있었는지, 언제부터 이 날을 기념하게 되었는지……. 백과사전의 '개천절' 항목을 쓰듯 한눈에 알아볼 수 있게 객관적으로 써 보세요.

10월 4일   요일

날다람쥐가 몸을 쫙 펴고 나뭇가지를 옮겨 다니는 것을 본 적이 있나요?

어떻게 그렇게 되었을까요?

우선 주인공을 고르세요.

달나라에 가서 토끼를 만나고 싶었던 다람쥐 V

새를 쫓다가 날개를 갖게 된 다람쥐 Z

낙하산이 멋있어서 낙하산이 되고 싶었던 다람쥐 Q

다 골랐나요? 이제는 자기가 고른 주인공으로 흥미로운 이야기를 써 보세요.

가을 과일

10월 5일   요일

가을에는 사과, 배, 감, 대추, 밤 등 먹을 것이 많이 납니다. 가을 과일에 얽힌 재미난 사연은 없었나요? 잘 익은 대추를 하나 따서 입에 넣은 일, 밤을 줍다 가시에 찔린 일, 감을 먹다 씨가 목에 걸린 일! 여기에 그 사연들을 적어 보세요.

오늘 먹은 가을 과일은 어떤 것이죠? 그것을 수수께끼처럼 적어 볼까요? '이것은 겉은 빨갛고 속은 연노란색입니다. 이것은…….' 하는 식으로요. 친구에게 읽어 주고 답을 맞혀 보라고 하세요.

10월 6일   요일

날씨와 성격

오늘 날씨가 어떤가요? 하늘이 맑고 바람이 시원하다고요?

그럼 오늘 태어나는 사람은 맑고 시원한 성격을 갖고 있지 않을까요?

태어나는 때의 날씨가 그 사람의 성격에 영향을 미친다면…….

오늘의 날씨를 잘 살펴 오늘 태어나는 사람들의 성격을 점쳐 보아요.

맑았던 날씨가 갑자기 우중충하게 바뀌고 있다고요?

아름다움

10월 7일   요일

아름다움은 그것을 느낄 수 있는 사람만이 가질 수 있는 법입니다. 자, 오늘은 주변에서 아름다운 것을 발견해 보아요. 바람에 우수수 떨어지는 낙엽들, 강변의 동글동글한 자갈들, 황갈색으로 바뀌어 가는 억새밭, 넓게 퍼진 서쪽 하늘의 붉은 노을……. 오늘 내가 발견한 아름다움을 적어 보세요. 그 아름다움을 영원히 간직하게 될 거예요.

눈으로 볼 수 있는 아름다움도 있지만, 보이지 않는 아름다움도 있습니다. 오늘 누군가의 마음에서 아름다움을 발견했다면, 그것을 적어도 됩니다.

10월 8일   요일

이야기 짓기

아래 재료를 가지고 가을 이야기를 만들어요.

어떤 이야기가 가을 이야기냐고요? 그야 가을을 배경으로 한 이야기지요.

주인공은 여러분 마음대로 정하고 제목도 달아 주세요.

동화책에서 튀어나온 피노키오 / 곰팡이 낀 식빵 / 손가락 구멍이 없어진 가위 / 소원을 들어준다고 믿은 돌멩이 / 듣기만 하면 졸리는 노래

어때요? 잘 만들어졌나요?

빵은 맛있어야 하고 이야기는 재미있어야 해요!

이것들을 잘 반죽해서 이야기를 만들 거야.

10월 9일　　　요일

오늘은 한글날입니다.

한글은 세종 대왕이 만드셨지요. 아랫글은 세종 대왕이 한글을 가지고 시범적으로 지어 본 《용비어천가》의 첫머리입니다. 그 뜻을 되새기며 따라 쓰고 외워 보세요.

뿌리 깊은 나무는 바람에 움직이지 아니하므로,
꽃이 좋고 열매 많으니.
샘이 깊은 물은 가뭄에 그치지 아니하므로,
내가 이루어져 바다에 가느니.

10월 10일   요일

친구에게 맹세를 하고 지키지 못한 때가 있었나요?
혹은 동생에게 맹세를 받았지만 아무 효과도 없었던 일은요?
자기가 맹세를 지키지 못한 경우, 또 남이 맹세를 저버린 경우,
이 두 가지 경우를 모두 적어 보세요. 어떤 맹세였는지, 처음부터 지키지 못할 것
같은 생각이 들지는 않았는지……. 할 이야기가 많겠죠?

외로움

10월 11일   요일

사람은 누구나 외로움을 느낍니다.
아무리 식구가 많고 친구들에게 둘러싸여 산다 해도 외로울 때가 있답니다.
여러분도 그런가요? 여러분은 어떨 때 외로운가요? 외로울 때는 무엇을 하죠?
여기 적어 보세요.

외로움은 심심하고 따분하고 다른 친구들은 뭐 하나 궁금한 것.
내 맘을 알아주는 사람이 아무도 없을 때 나는 외로워.
외로울 때 난 큰 소리로 노래를 불러. '외로워 외로워서 못 살겠어요…….'

10월 12일   요일

그림의 떡

그림 속의 떡은 볼 수는 있지만 먹을 수는 없습니다. 이처럼 어떤 것이 바로 눈 앞에 있는데도 차지할 수 없을 때 '그림의 떡'이란 말을 씁니다. '그림의 떡'을 떠올릴 만한 일을 여러분 기억 속에서 찾아보세요. 그런 일이 없다면 비슷한 일을 찾아 상상을 가미해 그림의 떡을 떠올릴 만한 이야기를 만들어 보아요. 괜찮아요. 아무도 모를 테니까요.

이야기는 원래 이렇게 태어납니다. 실제로 일어났던 일에서 소재를 주워 차곡차곡 쟁여 두었다가 효소액을 뿌려 발효를 시키죠. 그 효소액이 바로 상상입니다. 발효가 잘되면 감동적이고 진실한 이야기가 펑 하고 튀어나오죠. 펑!

10월 13일   요일

아랫글을 찬찬히 읽어 보고, 마음속으로 '배운다는 건 뭘까?' 하는 질문을 해 보아요.

배운다는 건 궁금한 것을 묻는 거야.
"이건 뭐예요?"
"이건 어떻게 해요?"
"이건 어디다 쓰는 거예요?"
"왜 그렇게 되나요?"

—채인선 글, 《배운다는 건 뭘까?》, 미세기

배운다는 건 뭘까요? 윗글을 읽으면서 떠오른 생각을 적어 보세요.

10월 14일   요일

나에게 가을의 고독은 어떤 걸까요? 아랫글을 읽어 보고 그처럼 나만의 가을 고독을 써 보아요. 가을에 관해 깊이 느껴 보는 시간이 될 것입니다.

가을의 고독은 추적추적 내리는 비, 아무리 기다려도 오지 않는 전화, 나 혼자 깨어 있는 밤, 긴 치맛자락을 끌며 창밖을 지나가는 바람, 우수수 떨어지는 나뭇잎들, 무심하게 맑은 하늘, 잦아드는 참새 소리, 나뭇가지에 매달린 채 말라 가는 열매들…….

어때요? 쓰고 나니 고독이 조금 가라앉았죠?

10월 15일   요일   감상

약해지지 마

        시바타 도요

있잖아, 불행하다고
한숨 짓지 마.

햇살과 산들바람은
한쪽 편만 들지 않아.

꿈은
평등하게 꿀 수 있는 거야.

나도 괴로운 일
많았지만
살아 있어 좋았어.

너도 약해지지 마.

《약해지지 마》, 지식여행

2010년 일본의 '시바타 도요'라는 할머니가 99세의 나이에 발표한 시입니다. 자신의 삶을 따뜻하게 관조하는 이 시는 사람들에게 큰 감동과 위로를 주었습니다.

10월 16일   요일

프랑스 소설가 귀스타브 플로베르는 성공은 목적이 아니라 결과라고 했습니다. 여러분은 성공이 무엇이라고 생각하나요?
여기에 자기가 생각하는 '성공'에 대해 적어 보아요.

성공이란, 이제야 칼로 연필을 잘 깎을 수 있게 된 것.

성공이란, 천천히 오는 것. 그동안의 실패가 쌓이면 마지막에 오는 것.

성공이란,

성공이란,

성공이란,

성공이란,

성공이란,

10월 17일　　　요일

사람은 누구나 자기 역할이 있습니다.

가정에서는 자식으로서의 역할, 학교에서는 학생으로서의 역할,

친구로서의 역할……. 한 사람이 한 가지 역할만 하는 건 아닙니다.

여러 역할을 동시에 맡고 있지요.

오늘 여러분의 역할은 어떤 것이었죠? 그 역할을 여기 다 적어 보아요.

주어진 역할을 잘 수행했나요?

주어진 역할이 별로 재미가 없었다고요?

그럼 여기 내가 정말 맡고 싶은 역할을 적어 보아요.

그 역할에 어떤 능력과 자질과 책임이 필요할까요?

10월 18일   요일

친구

여러분은 이성 친구가 더 많이 있나요? 동성 친구가 더 많이 있나요?
누구와 더 친한가요? 둘 다 필요하다고요?
여기에 이성 친구가 좋은 점, 동성 친구가 좋은 점을 각각 적어 보세요.

이성 친구가 좋은 점

동성 친구가 좋은 점

이성 친구…   있을 리가 있나.

10월 19일   요일

미국 소설가 어니스트 헤밍웨이는 소설을 쓰다 막힐 때마다 마음속으로 이렇게 말했다고 합니다.
'걱정하지 마. 넌 전에도 늘 잘 썼으니, 이번에도 잘 쓸 수 있을 거야. 네가 할 일은 진실한 문장을 딱 한 줄만 쓰는 거야. 네가 알고 있는 가장 진실한 문장 한 줄을 써 봐.'
오늘 여러분이 할 일은 진실한 문장 하나를 쓰는 일입니다.
지금 이 순간, 마음에 떠오르는 가장 진실한 문장을 여기 써 보세요.
단 하나의 문장을! 그것이 진실이 아니라면 줄을 긋고 다시 쓰세요.
진실에 이를 때까지 쓰고 또 써 보세요.

10월 20일   요일

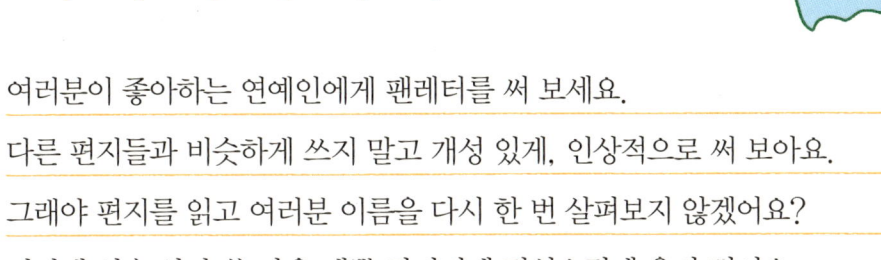

여러분이 좋아하는 연예인에게 팬레터를 써 보세요.

다른 편지들과 비슷하게 쓰지 말고 개성 있게, 인상적으로 써 보아요.

그래야 편지를 읽고 여러분 이름을 다시 한 번 살펴보지 않겠어요?

여기에 연습 삼아 쓴 다음 예쁜 편지지에 정성스럽게 옮겨 적어요.

10월 21일   요일

사춘기에 관해 얼마나 알고 있나요?

궁금한데 잘 알지는 못한다고요? 부모님께 물어볼 수도 없고, 그저 친구들과 "야, 그거 사춘기야!" 하며 소곤댄다고요?

여기에 내 몸 어디, 내 마음 어디에 사춘기의 변화가 느껴지는지 적어 보아요.

아무렇지도 않다고요?

그러면 형이나 누나, 언니나 오빠 들 중에 사춘기라고 의심할 만한 증상이 있는지 살펴봐요. 분명히 있을 거예요.

10월 22일   요일

부모님이 서로 다투시면 집안 공기가 싸늘하지요?

이럴 때 무슨 비법이 없나요? 두 분을 화해시키는 비법, 다시 사이좋게 만드는 비법 말입니다. 다섯 가지만 생각해 볼까요?

부모님을 사이좋게 만드는 비법

1.

2.

3.

4.

5.

여기 쓴 비법을 실제로 써 보았나요?
어떤 비법이 효과가 가장 좋았나요?

서리

10월 23일   요일

이즈음에 첫서리가 내린다는 절기 '상강'이 있을 거예요. 서리는 겨울의 전령이지요. 가을은 가고 겨울이 다가오고 있음을 알립니다. 오늘 날씨는 어떤가요? 아래에 가을과 겨울 날씨에 어울리는 낱말들이 있습니다. 이 낱말들을 사전에서 찾아 정의와 설명을 아래에 베껴 쓰세요. 그리고 요즘의 날씨를 떠올리며 예문을 달아 보아요.

선선하다:

쌀쌀하다:

스산하다:

썰렁하다:

오슬오슬하다:

서늘하다:

10월 24일   요일

요즘에 좀 우울하게 지내는 친구가 있지 않나요?
그 친구에게 내일을 생애 최고의 날로 만들어 주세요. 여러분이 그 친구의
수호천사가 되었다고 생각하세요. 어렵게 생각할 필요는 없어요.
다른 때보다 더 친절하게 대하면 됩니다. 친구에게 칭찬과 격려를 듬뿍 해 주세요.
진심으로 친구를 위해 주고 친구 편이 되어 행동하세요.
그것이 수호천사가 할 일입니다.
자, 그럼 구체적으로 무슨 일을 할지 계획을 세워 볼까요?

열두 달

10월 25일   요일

《작은 것이 아름답다》라는 잡지에서 열두 달에 이름을 붙여 주었어요. 예를 들어 10월은 '온누리달'이에요. 다른 달 이름은 아래 예시를 보고 여러분이 골라 적어 넣어요.

푸른달 / 거둠달 / 잎새달 / 해오름달 / 꽃내음달 / 누리달 / 시샘달 / 빗방울달 / 타오름달 / 눈마중달 / 맺음달

1월은 새해 아침 해가 힘차게 떠오르니 (　　　　)
2월은 꽃샘추위가 있는 겨울의 끝 달이니 (　　　　)
3월은 남녘에서 나지막한 꽃향기가 올라오니 (　　　　)
4월은 물오른 나무들이 저마다 잎 돋우는 달이니 (　　　　)
5월은 마음이 푸른 모든 이의 달이니 (　　　　)
6월은 온 누리에 생명의 소리가 가득 넘치는 달이니 (　　　　)
7월은 긴 비가 내려 초록 짙은 계절이 이어지니 (　　　　)
8월은 하늘에선 해가, 땅에선 가슴이 타는 정열의 달이니 (　　　　)
9월은 가지마다 열매 맺는 달이니 (　　　　)
10월은 온 세상에 달빛 가득한 한가위가 있는 달이니 온누리달
11월은 가을에서 겨울로 이어지며 첫눈 소식 있는 달이니 (　　　　)
12월은 한 해의 끝을 맺는 달이니 (　　　　)

정답: 1월 해오름달 / 2월 시샘달 / 3월 꽃내음달 / 4월 잎새달 / 5월 푸른달 / 6월 누리달 / 7월 빗방울달 / 8월 타오름달 / 9월 거둠달 / 11월 눈마중달 / 12월 맺음달

10월 26일   요일

오늘 벌어진 일들을 죽 적어 봐요. 그중에는 가상 현실에서 벌어진 일이 세 가지 정도 섞여 있어요. 그것이 무엇인지, 이유는 뭔지 곰곰이 따져 보는 겁니다. 치과에 갔던 일? 이상한 전화를 받았던 일? 집에 오는 길에 내가 친구 이름을 불렀는데 친구가 못 들은 척했던 일?
의심 가는 일들을 세 가지 찾아서 그렇게 생각하는 이유를 달아 보세요.

1.

2.

3.

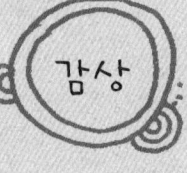

10월 27일   요일    감상

고슬고슬 생일 밥

채인선

"아이, 추워! 추워 잠을 잘 수가 있어야지!"

시월의 마지막 날, 싸늘하게 식은 산골 집 부뚜막에서 한 도깨비가 이를 딱딱 부딪치며 몸을 일으켰습니다. 부뚜막 도깨비 따끈따끈이었습니다. 따끈한 부뚜막에서 잠을 자던 따끈따끈은 화덕에 올려놓은 철판처럼 두 볼이 발그레해야 했어요. 하지만 오랫동안 불기를 못 쬐어서인지 따끈따끈의 얼굴은 얼음장을 깨고 나온 것처럼 파리했습니다.

따끈따끈은 시린 손을 호호 불며 문지방을 넘었습니다. 그러다 문지방 옆에 세워 둔 싸리비에 발이 걸려 넘어졌어요.

"아이고, 아야!"

앞으로 고꾸라지며 따끈따끈이 외마디 소리를 지르자, 같이 넘어진 빗자루에서 까슬까슬한 목소리가 흘러나왔습니다.

"누구야, 내 잠을 방해하는 게?"

따끈따끈은 깜짝 놀랐지만 점잔을 빼고 이렇게 호령했습니다.

"넌 누구냐, 내 갈 길을 방해하는 게?"

그러자 빗자루 도깨비 쓱싹쓱싹은 빗자루가 마당을 쓸 때처럼 다리를 휘저으며 밖으로 나왔습니다.

《산골 집에 도깨비가 와글와글》, 보림

위의 글은 동화 《산골 집에 도깨비가 와글와글》의 도입 부분으로, 오랫동안 잠자고 있던 도깨비들이 깨어나는 광경을 그리고 있습니다. 이야기를 다 읽고 그다음에 어떻게 되었을지 상상해 봅시다.

10월 28일   요일

예감이 딱 맞은 적이 있나요?

어떤 예감이었죠? 그 예감은 어떻게 느껴졌죠?

혹은 어떤 예감이 들었는데 그것을 무시했다가 고생한 경우도 있을 거예요.

가고 싶지 않았는데 친구들에게 이끌려 친구 생일 파티에 갔다가 기분 나쁜 일이 생긴 경우, 뭔가 마음이 불안해 집에 가 보니 도둑이 든 경우…….

오늘은 예감에 얽힌 이야기를 써 보세요.

엄마가 화내실 것 같은 예감.

그건 예감이 아니라 예정된 일이야.

국어 30점

낙엽

10월 29일   요일

곱게 물든 나뭇잎이 하나둘 떨어질 때입니다. 마음에 드는 낙엽 하나를 주워 들고 어떤 모양인지 아래 예시처럼 정확하게 묘사해 보아요. 관찰 일기를 쓴다고 생각해요.

잎의 모양은 부채꼴이다. 부채 자루처럼 잎자루가 가늘고 길다. 단풍은 노랗게 든다. 울긋불긋 드는 다른 나뭇잎과는 전혀 달라 눈에 아주 잘 띈다. 밟으면 미끄러질 수 있어서 주의를 해야 한다.

다 썼으면 가까이 있는 사람에게 가서 읽어 주고 알아맞히라고 하세요. 알아맞히면 "짜잔!" 하고 그 나뭇잎을 선물로 주세요.
위의 예시문의 답은 뭘까요?
은행잎입니다.

10월 30일   요일

저축

매년 10월 마지막 화요일은 '저축의 날'입니다.
여러분에게 그동안 저축해 모은 돈이 꽤 있다면 무엇을 하고 싶으세요?
그것으로 누군가에게 줄 선물을 사고 싶나요? 아니면 평소에 갖고 싶었던
물건을 사고 싶은가요? 혹은 계속 저축을 더 하고 싶을 수도 있겠죠?
무엇을 하고 싶은지 여러분만의 계획을 적어 보세요.

난 엄마한테 집을 사 드릴 거야!

어이구, 웬일이냐.

독서

10월 31일   요일

책을 읽다 '내가 만약 주인공이라면 이렇게 할 텐데…….' 하는 생각이 들 때가 있죠? 어떤 작품이었나요? 그 작품의 줄거리와 주인공에 대해 적어 보세요. 왜 그 주인공과는 다르게 행동하고 싶은지도 적어 보아요.

작가가 되려면 다른 사람들의 작품을 좋아하는 것은 물론, 나라면 이렇게 썼을 텐데 하는 생각도 종종 품어야 합니다.

11월

월요일	화요일	수요일	목요일	금요일	토요일	일요일	메모

11월 1일   요일

비 오는 날 들으면 좋을 노랫말을 써 보아요.

비가 오면 나무와 풀이 빗물을 먹으며 좋아할 테고, 새로 산 우산이 있다면 빗속에서 활짝 펼칠 때 무척 기분이 좋겠죠? 노래가 절로 나올지 모르죠.

이슬비 내리는 이른 아침에 우산 셋이 나란히 걸어갑니다.

이제 여러분 차례입니다. 자신의 느낌을 살려 노랫말을 만들어 보세요.

11월 2일   요일

오른손과 왼손은 서로 돕지 않으면 안 되죠.
하지만 서로 하는 일이 나뉘어 있기도 합니다.
오른손은 왼손에게 큰 불만을 가지고 있어요. 힘든 일은 자기만 한다고요.
그럼 왼손은 불만이 없을까요? 깊이 잠든 한밤중, 오늘 있었던 일을 두고 나의
오른손과 왼손이 어떤 대화를 나눌지 여기에 적어 보아요.

이야기를 다 마치고 오른손과 왼손을 가만히 들여다보아요.
평소와 좀 다르게 보이지 않나요?

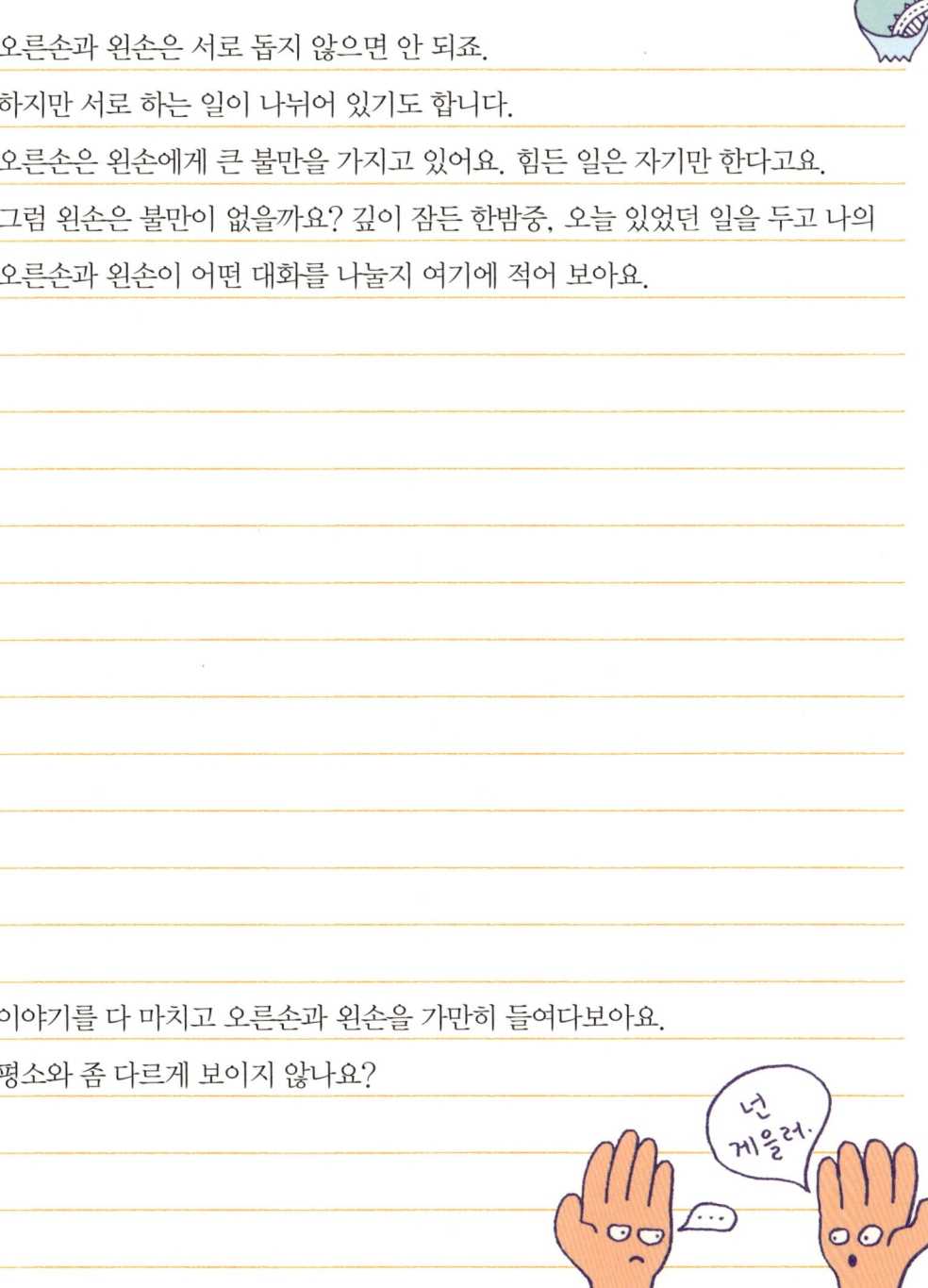

11월 3일   요일

'라이카'라는 개에 관해 들어 보았나요? 1957년 11월 3일은 구소련에서 라이카가 인공위성 스푸트니크 2호를 타고 우주로 떠난 날입니다. 라이카는 일곱 시간 동안 우주를 떠다녔는데, 어떤 것을 보고 어떤 기분이 들었을까요? 여러분이 라이카의 전기를 써 주세요.

전기를 쓰려면 우선 라이카의 일생에 관해 조사를 해야겠죠? 망망대해 우주 어디선가 라이카의 영혼이 귀를 쫑긋 세운 채 기다리고 있을 거예요.

11월 4일　　요일

프랑스의 황제 나폴레옹은 "나의 사전에 불가능이란 말은 없다"고 했습니다.
그만큼 자신이 하는 모든 일이 다 가능하다고 생각한 거죠.
그렇다면 여러분 사전에는 어떤 낱말이 없나요? 잠시 생각한 다음, 써 보세요.
그 낱말을 고른 이유도 함께 쓰세요. 딱 한 가지만!

그러면 지금 이 순간, 여러분 사전에 꼭 있어야 할 낱말은 무엇인가요?
여기에 적어 보아요.

11월 5일   요일   감상

바람의 노래

이성선

수우족처럼은 아니지만
어릴 때 들길을 걸으면서 알았다
내 영혼은 바람이 주셨다는 것을.
지금도 걸으면서 느낀다
내 눈동자 속의 눈동자에서는
그분과 하나다
나는 이것을 그치지 않고
노래하기를 열망한다.
새벽 풀잎에 별이 흐를 때
나의 귀는 듣는다
밭고랑 감자가 냇물에게 들려주는 노래
메꽃 속에 늦잠 자는
벌레의 잠꼬대 소리
바람은 이들로 향기롭다

이들은 내게 와서
들판으로부터 나를 키웠다
수우족처럼은 아니지만
나는 알았다
그리고 지금도 안다
아름다운 것은 단순하고 작다
수우족이 그렇게 살고
내가 어릴 때 그렇게 살았던 것처럼

《내 몸에 우주가 손을 얹었다》, 세계사

제법 쌀쌀한 바람이 불 때입니다.
이 시를 다 읽고 나면 밖으로 나가서
바람을 실컷 맞고 싶을 것 같습니다.
그러면 수우족처럼은 아니지만 무언가
알게 되는 것이 있지 않을까 합니다.

11월 6일   요일

오늘 하루, 한바탕 소리 내어 크게 웃어 본 적이 있나요?

크게 한 번 웃는 것은 운동장을 한 바퀴 뛴 것과 같은 운동 효과가 있다고 합니다.

어떤 일이 여러분을 웃게 했나요? 친구의 어처구니없는 실수? 혹은 정말 웃긴 이야기? 아래에 그 일을 적어 보세요. 다시 웃음이 터져 나올 것입니다.

웃을 일이 없었다고요? 그럼 지금 3분 동안 그냥 웃으세요.

웃음은 또 다른 웃음을 부르는 법이에요.

따뜻한 선물

11월 7일   요일

이즈음에 '입동'이 있을 거예요.

입동은 겨울이 시작된다는 것을 알리는 절기입니다. 벌써 겨울이라 생각하니 등이 춥죠? 오늘은 겨울을 앞두고 누군가에게 받고 싶은 따뜻한 선물을 떠올려 보아요. 어떤 색인지, 무엇으로 만든 건지, 크기가 작은지 큰지…….

아래 예시에서 하나 골라 써도 되고, 받고 싶은 선물이 있었다면 그것에 관해 써도 됩니다.

종아리까지 올라오는 털부츠

내 몸만큼 큰 곰 인형

벙어리장갑과 털모자 세트

다 썼으면 책상에 이 페이지를 활짝 열어 두어요.

아버지나 어머니가 여기 써 놓은 글을 엿보고 선물해 주실지도 모르죠.

11월 8일   요일

나무늘보는 거의 움직이지 않아요.

먹을 것이 있어도 그렇고, 눈앞에 뻔히 위험이 보여도 그렇대요.

아기처럼 하루 18시간씩 잠을 자고, 남은 시간도 졸면서 보내요.

나무늘보는 왜 이렇게 살게 되었을까요? 분명히 어떤 계기가 있었을 거예요.

나무늘보 이야기를 지어 볼까요?

자기를 주인공으로 하는 이야기를 들으면 나무늘보가 기뻐할 거예요.

그래도 움직이지는 않을 테지만요.

11월 9일   요일

아래 소재를 가지고 신문 기사를 써 볼까요?

어느 집에서 불이 나 불자동차가 와서 불을 끈 것이 대강의 내용입니다. 사건이 일어난 때는 ○○○○년 11월 9일 ○○시로 설정하세요. 지금 시간으로 하면 되겠네요. 사건 기사이니만큼 육하원칙(누가, 언제, 어디서, 무엇을, 어떻게, 왜)에 따라 써 보세요. 준비되었나요?

고장 난 불자동차 / 거꾸로 가는 시계 / 말하는 냄비 / 자유로워지고 싶은 고양이 나나 / 하늘을 날아다니는 베개

11월 10일   요일

사람이 하는 일에는 늘 정성이 깃들어야 합니다.
정성이 깃든 음식, 정성이 느껴지는 선물, 정성 어린 기도…….
여러분은 정성이 무엇이라고 생각하나요?
여러분의 일상에서 정성을 발견해 보아요.

정성이란, 내가 좋아하는 참치 김밥을 예쁘게 담아 주신 어머니의 마음.
정성이란, 멀리 이사 가는 친구에게 한 자 한 자 마음을 담아 편지를 쓰는 것.

정성이란,

정성이란,

정성이란,

정성이란,

정성이란,

속담

11월 11일   요일

콩 심은 데 콩 나고 팥 심은 데 팥 난다

이 속담은 무슨 뜻일까요? 콩을 심고 팥이 나오기를 기대하는 것은 말이 안 되죠?

하지만 가끔 콩을 심어 놓고 팥이 나오기를 기대하는 경우도 있습니다.

노력은 조금만 하고 좋은 결과를 거두기를 기대하는 것이 그런 경우죠.

자, 이야기를 한번 지어 볼까요?

'그러니까 콩 심은 데 콩 나고 팥 심은 데 팥 나지!'라는 문장으로 끝맺어요.

콩보다 팥을 더 좋아하는 사람은 '팥 심은 데 팥 나고 콩 심은 데 콩 난다'로 해 보아요.

11월 12일   요일

여러분이 만약 꽃을 그리는 예술가라면 꽃을 그 모양 그대로 그리고 싶은가요? 아니면 자기 생각을 입혀서 맘대로 그리고 싶은가요?

어떤 사람들은 '예술은 자연의 모방이다.'라고 여기고, 또 어떤 사람들은 '예술은 예술가의 정신적인 욕구를 표현한 것이다.'라고 여깁니다. 여러분은 어느 쪽이 진정한 예술이라고 생각하나요? 그 이유를 적어 보세요.

자기 생각을 잘 모르겠다면 꽃을 한 송이 앞에 두고 그리고 싶은 대로 그려 보아요. 어떤가요?

피부색

11월 13일   요일

외계의 어느 행성에서 지구인의 피부색을 조사하러 지구에 왔어요. 그 외계인은 지구 곳곳을 돌아다니며 사람들의 피부색을 관찰하고는 이렇게 중얼거렸어요.

"백인, 흑인이 있다고 해서 왔는데, 아무리 돌아다녀 보아도 찾을 수 없는걸? 여기 눈처럼 하얀 사람이 어디 있어? 숯처럼 까만 사람도 없고!"

외계인이 묻고 있어요. 왜 완전히 검거나 희지도 않은데 흑인, 백인 하고 부르냐고요. 여러분의 대답은 무엇이죠?

11월 14일   요일

먼저 요즘 나를 화나게 한 친구를 떠올리세요.

그 친구를 배에 태워 먼바다 한가운데에 있는 섬으로 보냈다고 생각해요.

마음에 드는 반성문을 써 올 때까지 그 친구를 용서해 줄 마음은 없는 거예요.

어떤 반성문이 여러분의 화난 마음을 풀어 줄 수 있을까요?

여러분에게 용서를 비는 친구의 입장에서 반성문을 써 보아요.

11월 15일   요일   감상

하얀 늑대와 검은 늑대

어느 아이가 할아버지에게 물었어요.
"할아버지, 사람들은 왜 싸우나요?"
"글쎄, 우리 마음속에 늑대 두 마리가 살고 있기 때문일 거야."
아이는 눈을 크게 뜨고 되물었어요.
"우리 마음속에요? 할아버지 마음속에도요?"
"그렇단다. 하얀 늑대와 검은 늑대가 살지. 검은 늑대는 두려움, 화, 질투, 욕심, 자만심으로 똘똘 뭉쳐 있단다. 반면에 하얀 늑대는 평화, 사랑, 희망, 용기, 겸손, 동정심, 믿음으로 가득하지. 두 늑대는 우리 마음속에서 끊임없이 서로 싸운단다."
"그럼 할아버지, 둘 중에 누가 이길까요?"
할아버지의 대답은 간단했어요.
"우리가 먹이를 준 늑대가 이기지."

체로키 인디언 부족에서 전해 내려오는 이야기입니다. 여러분은 어떤 늑대에게 먹이를 주고 싶은가요?

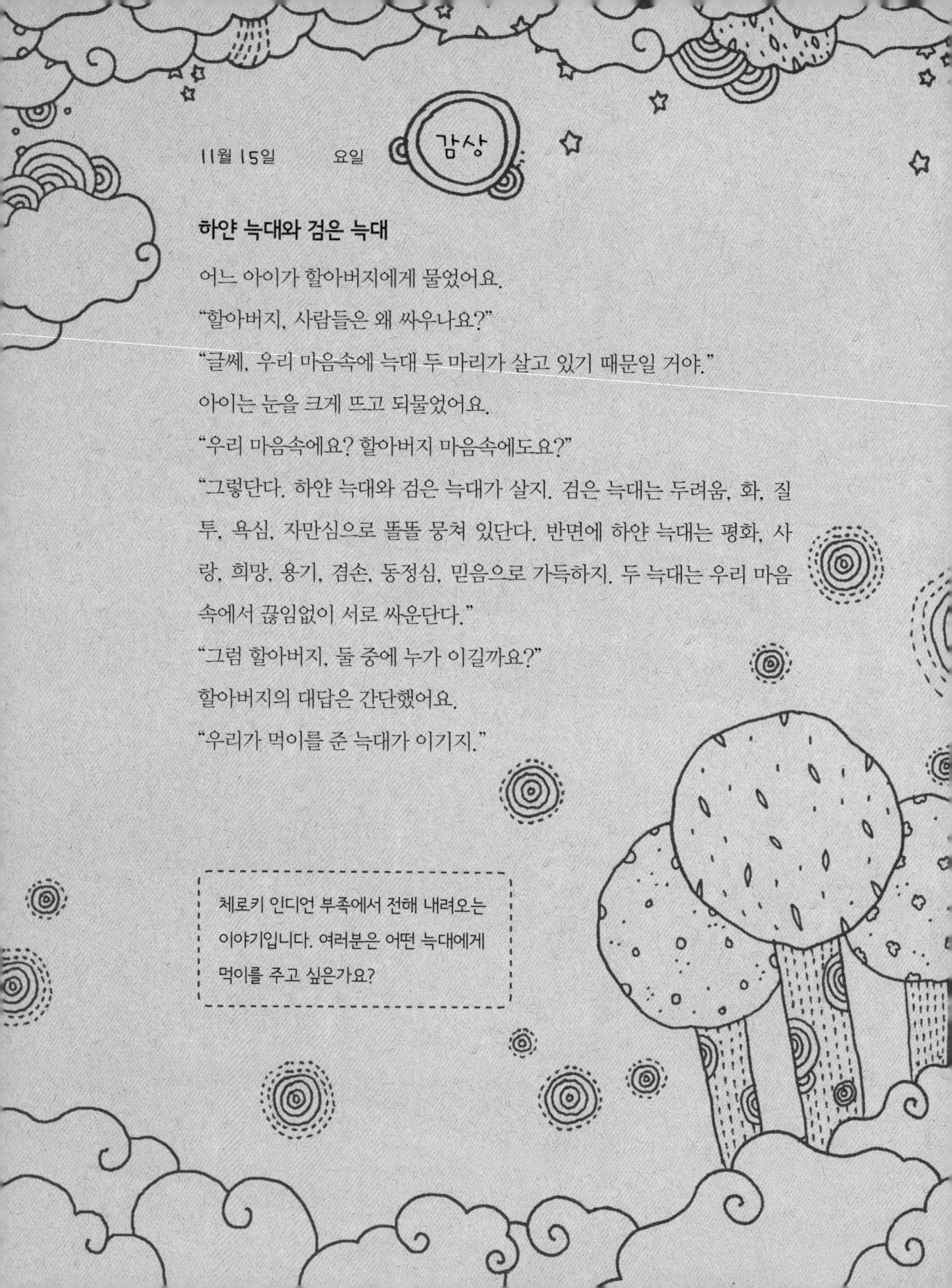

11월 16일   요일

어머니와 함께 가장 하고 싶은 것은 무엇이죠?

영화 보기? 서점 가기? 미용실 가기?

그럼 아버지와는 무엇을 하고 싶은가요? 암벽 타기? 캠핑 가기? 요리하기?

여기에 어머니와 단둘이, 혹은 아버지와 단둘이 하고 싶은 것을 다섯 가지씩 적어 보아요.

어머니와 함께 하고 싶은 것

1.
2.
3.
4.
5.

아버지와 함께 하고 싶은 것

1.
2.
3.
4.
5.

경청

11월 17일   요일

오늘 주변 사람들에게 들었던 말을 떠올려 봐요.
내 마음에 큰 울림을 일으킨 말, 가슴 깊이 새겨야 할 말, 감동을 주는 말, 평소에 늘 듣던 말인데 오늘따라 유난히 마음에 남는 말을 떠올려 여기에 글로 남겨요.
글로 남기면 돌에 새기는 것처럼 마음에 늘 새길 수 있답니다.

11월 18일   요일

끝말잇기 놀이를 해 볼까요?

주전자 → 자연 → 연기 → 기생충

그다음에 낱말 앞에 꾸미는 말을 넣어요.

말하는 주전자 → 깨끗한 자연 → 수상쩍은 연기 → 징그러운 기생충

한 번 더 수식어를 넣어 꾸며 볼까요?

"안 돼!" 하고 말하는 주전자 → 말할 수 없이 깨끗한 자연 → 수상쩍은 붉은색 연기 → 다시 보고 싶지 않은 징그러운 기생충

수식어를 한 번 더 넣어 보아요.

누군가 무슨 부탁을 할 때마다 "안 돼!" 하고 말하는 주전자

→

→

→

이제는 이 말들을 엮어 이야기를 만들어 보아요.
흥미진진한 이야기가 될 것 같은데요?

케네디

11월 19일   요일

미국의 대통령 케네디는 "국가가 그대에게 무엇을 해 줄지 생각하지 말고, 그대가 국가에게 무엇을 해 줄지를 생각하라"는 유명한 말을 남겼습니다.

지금 어머니나 아버지에게 다가가 케네디처럼 말해 보아요.

"부모님이 저에게 무엇을 해 주실지 생각하지 말고, 제가 부모님께 무엇을 해 드릴지 생각하겠습니다."

부모님이 어떤 반응을 보였는지 여기 적어 보세요.

11월 20일   요일

아무리 많은 책을 낸 작가도 글이 안 써지는 순간이 있습니다. 이럴 때 쓰는 비법이 있는데요(물론 늘 효과가 있는 것은 아닙니다만), 이를테면 이런 것입니다. 물구나무서기, 찬물에 세수하기, 큰 소리로 고래고래 노래 부르기, 귀이개로 귀 파기……. 여러분이라면 어떻게 하겠어요? 미리 생각해 두는 것도 나쁘지 않겠죠?

글이 안 써질 때의 비법

1.

2.

3.

4.

5.

직업과 인생

11월 21일   요일

'인생은 신의 손으로 그린 동화!' 동화의 아버지라고 일컫는 안데르센이 한 말이에요. 그렇다면 음악가는 어떻게 인생을 말할까요? 화가들은요? 요리사들은 어떨까요?
인생을 표현하는 말이 직업에 따라 어떻게 달라질지 적어 보아요.

음악가
화가
요리사
_____
_____
_____

마지막으로 여러분은 인생이 무엇이라고 생각하는지 써 보세요.

11월 22일   요일

사랑하는 사람에게 이별 편지를 써 보세요.

여러분 인생에서 한 번은 쓰게 될 편지입니다. 만약 느낌이 오지 않으면 여러분 자신을 연애 소설 쓰는 작가라고 생각해요.

생각만 해도 눈물이 난다고요? 그럼 글이 잘 써질 좋은 징조입니다.

사랑하는 _____ 에게

좋은 문구

11월 23일   요일

요즘 읽기 시작한 책은 어떤 것인가요?
그 책에서 깊이 생각하게 만드는 문구나 대화를 옮겨 적어 보세요.
정성껏 옮겨 적다 보면 그 뜻을 더욱 확실하게 알 수 있습니다.

요즘 읽는 책에는 옮겨 적고 싶은 구절이 없다고요?
그러면 예전 읽은 책에서 찾아보아요.

11월 24일　　요일

콤플렉스

자기 외모 중에서 혹시 콤플렉스를 느끼는 부분이 있나요?

어디죠? 언제부터 그렇게 느꼈죠? 그렇게 느낄 만한 특별한 사건이 있었나요?

자신의 콤플렉스를 여기 공개해 보아요.

시원하게 털어놓고 나면 콤플렉스가 대수롭지 않게 생각될 것입니다.

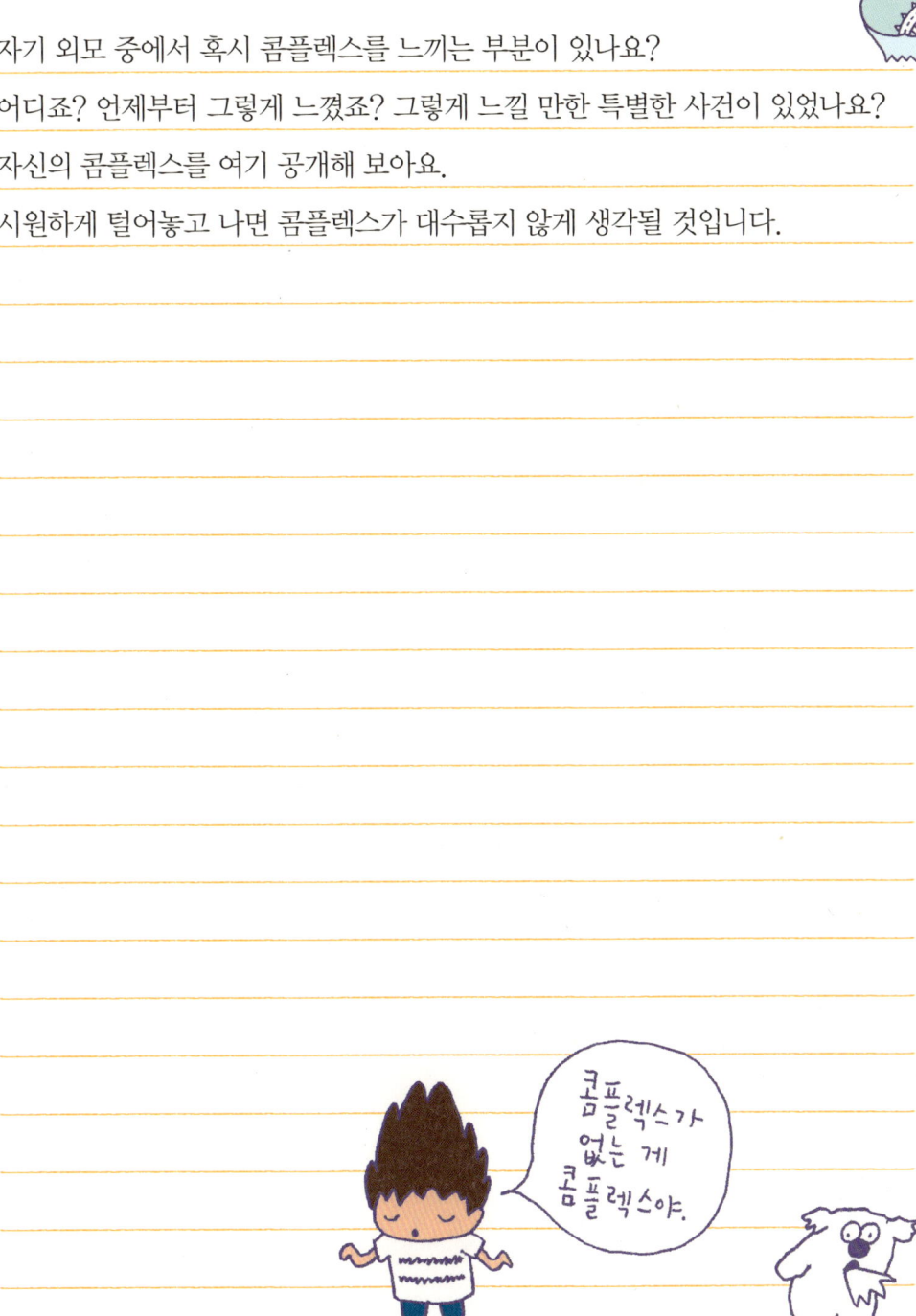

콤플렉스가 없는 게 콤플렉스야.

11월 25일   요일   감상

추워 추워 춘달래

추워 추워 춘달래
까치 달래 치달래
바위 바위 옥바위
김 서방네 새악시가
우렁 같은 말을 타고
천 리 고개 넘어가니
춘아 춘아 문 열어라
대청마루 따져 보자

> 윗글은 충청남도 당진에서 전해 내려오는 동요입니다. 추운 바람을 맞으며 아이들이 옹기종기 모여 이 노래를 부르는 풍경을 그리며 외워 보세요.

11월 26일　　　요일

여러분은 자기 마음의 크기가 어느 정도라고 생각하나요?
학교 운동장만큼? 아니면 밥그릇에 담긴 물만큼?
자기 마음의 크기는 어느 정도인지 적어 보세요.
마음의 크기가 커지기도 하고 줄어들기도 한다면 왜 그런지도 생각해 보세요.

11월 27일　　　요일

1895년 11월 27일은 알프레드 노벨이 유언장에 자신의 유산을 노벨상을 만드는 데 사용하도록 사인한 날입니다.
노벨상은 인류의 복지에 공헌한 사람이나 단체에 주는 세계적인 상으로,
물리학, 화학, 생리학 및 의학, 문학, 평화, 경제학 등 6개 부문에 수여합니다.
그런데 노벨 아동문학상도 없고 노벨 자연보호상도 없습니다.
만약 여러분이 노벨상 위원회에 있다면 어떤 부문을 새로 만들고 싶은가요?
어떤 이유로 그런 상이 필요하다고 생각하나요?
차분하게 자기 생각을 펼쳐 보세요.

11월 28일   요일

인생의 모델로 삼고 싶은 인물이 있으면 오늘 조사해 볼까요?
어떤 어린 시절을 보냈는지, 어떻게 자기 꿈을 이루었는지, 그 사람의 가장 큰 재능과 미덕은 무엇인지…….
그러면 좀 더 그 사람과 가까워진 느낌이 들 테고 그것을 통해 여러분은 자신의 멋진 꿈에 한 발짝 더 다가서게 될 것입니다.

어떤 점을 본받고 싶은가요? 어떻게 하면 나도 내 인생의 모델처럼 될 수 있을까요?

얼굴

11월 29일   요일

거울에 얼굴을 비출 때마다 얼굴이 좀 달라 보이는 것 같지 않나요?

기분이 좋을 때는 전체적으로 괜찮은 인상이다 싶고, 기분이 울적할 때는

왜 그렇게 못나 보이는지 더 울적해집니다. 갑작스레 눈이 짝짝이로 보이고,

너구리가 집을 삼아도 될 만큼 콧구멍이 넓어 보이기도 합니다.

지금 자기 얼굴을 거울에 비춰 보아요.

눈, 코, 입…… 하나하나 관찰해 여기 적어 보아요.

다 적고 나서 가만히 음미하듯 읽어 봐요.

숨어 있는 내 기분이 거기 나와 있을 거예요.

11월 30일   요일

천재성

천재 음악가인 모차르트는 서른다섯의 나이로 세상을 떠났습니다.
모차르트는 서른다섯 해 내내 천재였지만, 보통 사람들도
일생의 어느 한 시기에 천재처럼 자기의 능력을 최대로 발휘하는 때가 있습니다.
그 시기가 일 년일 수도 있고 어느 하루, 어느 한순간일 수도 있습니다.
요즘의 나날들을 돌아보아요.
나의 천재성이 활짝 꽃핀 순간이 있을 거예요. "난 정말 천재야!" 하고 외치며
하하 웃고 싶었던 순간 말입니다. 언제였죠? 무엇을 하던 때였나요?

12월

모두모두 메리 크리스마스!

월요일	화요일	수요일	목요일	금요일	토요일	일요일

12월 1일   요일

마무리

12월은 한 해를 마무리하는 달입니다.

노자는 《도덕경》에서 끝맺음을 처음과 같이 신중하게 하면 실패할 일이 없다고 했습니다. 아무리 잘한 일도 마무리를 못하면 엉망이 되고, 반대로 성과가 없던 일도 마무리를 잘하면 그만큼의 결과는 얻을 수 있습니다.

자, 1월 1일에 쓴 일기로 돌아가서 여러분이 세웠던 새해 계획들을 살펴보세요. 그것을 얼마만큼 이루었나요? 남은 한 달 동안 마무리를 잘하려면 어떻게 해야 할까요?

자, 어서 첫 페이지를 열어 봐.

두... 두려워.

종교와 과학

12월 2일   요일

아주 오랜 옛날에는 화산이 폭발하면 신이 분노해서 그런 거라며 두려워했습니다. 하지만 지금은 아무도 그렇게 생각하지 않습니다. 화산은 땅속의 마그마가 한꺼번에 뿜어져 나오는 현상이라는 것이 과학적으로 밝혀졌으니까요.
과학이 발전에 발전을 거듭하면 신의 존재도 필요 없어지지 않을까요?
이 의견에 찬성하나요? 아니면 반대하나요? 자신의 의견을 적어 보세요.

찬성

반대

노력

12월 3일   요일

기다란 코가 있다고 해서 코끼리가 아무 노력 없이 코를 손처럼 쓰는 건 아닙니다. 어릴 적에 힘들게 연습해서 얻는 결과라고 합니다. 새들도 날개가 있다고 해서 바로 날 수 있는 것은 아닙니다. 나는 연습을 거듭거듭 해야 날 수 있답니다. 여러분은 오늘 어떤 노력을 했죠? 무엇을 위해서요?

아무것도 안 했다고요? 그러지는 않았을 거예요. 사람이 하는 행동 대부분은 무엇을 이루기 위해 노력하는 것이기 때문입니다. 하루를 차분히 돌이켜 보며 내가 오늘 어떤 노력을 했는지, 무엇을 이루기 위해 그렇게 했는지 적어 보아요.

좋았어. 노력할 거야!

뭔진 모르지만 나도!

불끈

12월 4일   요일

아래 재료들을 가지고 가슴이 따뜻해지는 이야기를 만들어 보세요.
이야기를 흥미롭게 만들기 위해 자기만의 비밀 재료들을 더 첨가하세요.
친구에게도 만들어 보라고 한 다음 서로 비교해 보세요. 어느 이야기가 더
따뜻한지, 어느 이야기가 더 재미있는지.

책을 먹어 버리는 고양이 / 군고구마 냄새 / 빨간 단추 / 녹기 싫은 눈사람 / 다 닳아 버린 칫솔

내가 지은 이야기를 들려줄게.

12월 5일   요일

물건 팔기

오늘은 무역의 날!

무역은 이윤을 남기기 위해 물건을 사고파는 일입니다. 여러분도 나중에 크면 무엇이든 파는 사람이 될지 몰라요. 컴퓨터, 자동차, 로봇, 농작물, 혹은 옷이나 신발, 책을 팔 수도 있어요.

자, 여러분이 상점을 연다면 어떤 것을 팔고 싶으세요?

구체적인 계획을 세워 보아요.

상품:
가격:
상품 특성:

판매 대상:
기타:

설렘

12월 6일   요일

여러분은 무엇에 마음이 들뜨고 가슴이 설레나요?
생일에 친구에게 받게 될 선물? 우편함에 있을 누군가의 편지?
여행 떠나기 전날, 짐을 꾸리는 것?
여러분을 설레게 하는 것이 무엇인지 다섯 가지만 적어 보세요.
벌써 마음이 두근두근하죠?

나를 설레게 하는 것

1.

2.

3.

4.

5.

예티 1

12월 7일   요일

히말라야의 거대한 눈사람 '예티'에 대해 들어 보았나요? 예티가 실제로 존재한다는 증거는 없지만, 몇 차례 발자국이 발견되기도 했습니다. 발자국의 크기는 30센티미터가 넘는다고 합니다. 정말 예티가 있을까요? 자, 텔레비전에서 '예티를 찾아서'란 다큐멘터리가 시작되고 있습니다. 여러분은 내레이터입니다. 카메라는 예티의 발자국이 산 위로 이어지는 것을 비추고 그 발자국을 따라갑니다. 발자국은 눈 속에 파묻힌 조그만 집으로 이어져 있고, 카메라는 그 집을 비춥니다. 내레이션은 카메라가 발자국을 쫓아갈 때부터 시작됩니다. 준비되었나요?

12월 8일   요일   감상

나무들도

신석정

우리들이 만나면
서로 이야기하듯

나무들도
저렇게 모여 서선 이야기하나 봅니다.

봄엔
봄 이야기

여름엔
여름 이야기

가을엔
가을 이야길 하다가두

겨울이 오면
헐벗은 채 입을 꼭 다물고

오는 봄을 기다리며
나무들도 살아가나 봅니다.

《그 먼 나라를 알으십니까》, 창비

> 겨울 바람을 맞으며 외롭게 떨고 있는 나무들에게 이 시를 읽어 주세요. 덜 외롭겠죠?

12월 9일   요일   별명

친구들의 별명을 모두 적어 보아요.
아직 별명이 없는 친구들에게는 별명을 지어 주세요. 선생님, 어머니,
아버지께도 별명을 만들어 주세요. 그런 다음, 별명들만 가지고
오늘 일기를 써 보세요. 물론 여러분 자신도 별명으로 불러야겠죠?
일기를 다 쓰고 나서 한번 읽어 보세요.
아주 다른 느낌이 들 것입니다.

별명으로 말하니 기분이 어떤가요?
친구들이 재미있어할까요?

충고

12월 10일   요일

친구에게 충고하고 싶을 때가 있죠?

충고를 할 때는 진심으로 상대방을 위하고 걱정하는 마음을 가져야 합니다.

또 정말 중요하고 친구에게 도움이 될 만한 일들을 충고해야 효과가 있습니다.

그러지 않으면 참견이나 간섭처럼 보일 것입니다.

자, 오늘은 친구에게 충고의 편지를 써 보아요.

충고는 말로 하는 것보다는 편지로 하는 게 훨씬 부드럽답니다.

_____에게

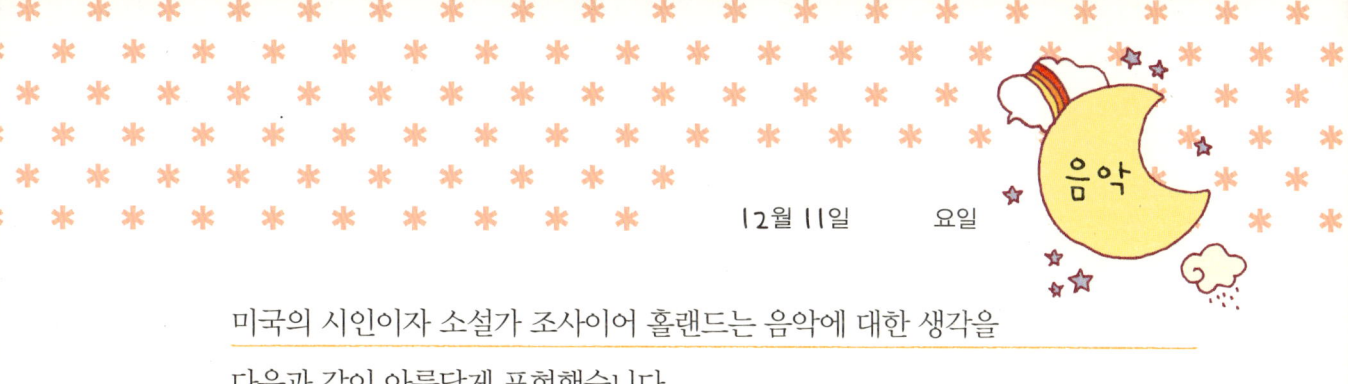

12월 11일   요일

미국의 시인이자 소설가 조사이어 홀랜드는 음악에 대한 생각을 다음과 같이 아름답게 표현했습니다.

음악은 영혼의 것이다.
영원한 바다의 이야기를 속삭이는 장밋빛 입술의 조개이며
머나먼 해안의 노래를 부르는 낯선 새와 같다.

여러분은 음악이 무엇이라고 생각하나요? 좋아하는 음악을 들으며 음악이란 인간에게 어떤 가치가 있는지, 음악이 인간을 어떻게 만드는지 생각해 보세요.

과거와 미래

12월 12일   요일

과거와 미래 중, 어느 것이 더 중요하다고 생각하나요?
어느 쪽 생각을 더 많이 하나요? 오늘 머릿속을 짧게 지나간 생각들을 여기에 모두 적어 보아요. 그리고 그 생각이 과거에 관한 것인지, 미래에 관한 것인지 살펴보아요. 여러분이 미래형 인간인지 과거형 인간인지 알게 될 거예요.

오늘 내가 한 짧은 생각들

급식에 무슨 반찬이 나올까?

우산 어디 두었더라?

엄마가 아침에 왜 화를 내셨지?

12월 13일   요일

시험

지금쯤이면 시험 기간일 거예요.

시험 성적에 대해 기대가 되나요? 아니면 걱정이 되나요?

시험 성적이 안 좋을 경우와 좋을 경우에 어떻게 하겠다는 서약서를 써 보세요.

자기 자신과 서약하는 것입니다.

서약서

이름 _____   보호자 이름 _____

_____ 초등학교 _____ 학년 _____ 반

위 사람은 _____ 년도 _____ 시험을 앞두고 시험 성적에 따라 다음과 같은 서약을 맺습니다.

시험 성적이 평균 70점일 경우, 나는 _____ 하겠습니다. 맹세! _____ (서명)

시험 성적이 평균 80점일 경우, 나는 _____ 하겠습니다. 맹세! _____ (서명)

시험 성적이 평균 90점일 경우, 나는 _____ 하겠습니다. 맹세! _____ (서명)

시험 성적이 평균 99점일 경우, 나는 _____ 하겠습니다. 맹세! _____ (서명)

위의 사항에 대해 나 (이름) _____ 은(는) 성실하게, 반드시 지킬 것을 나 스스로에게 맹세합니다.

일시: _____   증인: _____ (서명) _____

12월 14일   요일

이솝 우화를 알고 있죠? 만약 지금 이 시대에 이솝이 태어났다면 어떤 우화를 쓸지 궁금합니다. 우화란 풍자와 유머, 교훈이 담긴 짤막한 이야기인데, 대부분 사람이 아닌 의인화된 동식물이 주인공으로 나옵니다.
다음은 여러분들의 우화에 출연하고 싶어서 대기석에 앉아 기다리고 있는 '주인공'들입니다. 여러분이 하고 싶은 내용과 어울릴 주인공을 골라 우화를 지어 보세요.

게임 중독에 빠진 고양이 / 모자 쓴 대머리 독수리 / 변신을 잘하는 여우와 너구리 부부 / 쌈 잘 하는 수탉과 말 잘 하는 암탉 / 날고 싶은 잉어

12월 15일   요일   감상

식당

프랜시스 잠

식당에는 빛바랜 그릇장이 있어요.
우리 고모할머니의 목소리도 들었고
우리 할아버지의 목소리도 들었고
우리 아버지의 목소리도 들었죠.
이 추억들을 그릇장은 간직하고 있어요.
그릇장이 입을 다물고만 있다고 생각하면 잘못이지요.
나랑은 말을 나누고 있으니까요.

식당에는 또 나무로 된 뻐꾸기시계도 하나 있어요.
나는 이 시계가 어쩌다 목소리를 잃었는지 알지 못해요.
시계에게 물어볼 수도 없어요.
아마 태엽에 담긴 목소리가 깨어졌겠지요.
죽은 사람의 목소리가 사라지듯이.

거기에는 또 낡은 찬장도 있어요.
밀랍과 잼, 고기와 빵, 다 익은 배 냄새도 납니다.
찬장은 충직한 집사입니다.
우리 집에서는 어떤 물건도 훔쳐서는 안 된다는 걸 알고 있지요.

많은 손님들이 우리 집에 왔지만
아무도 이 물건들에 작은 영혼이 있다는 걸 믿지 않아요.
손님들이 집안으로 들어서며
"잘 지내세요? 잠 씨?"
하고 내게 물을 때면 나는
이 집에서 살아 있는 이가 나뿐이라고 생각하는 것 같아
빙그레 웃곤 해요.

여러분의 집에도 이런 가구들이 있겠죠?
오래도록 함께 살아서 가족 같은 가구들 말이에요.
오늘은 그런 가구들을 하나하나 바라보며
그들과 추억을 떠올려 보아요.

12월 16일 　　　요일

낙타는 염소나 말과 비슷하지만 등에 혹이 달려 있습니다.

등에 그만한 혹이 있는 동물은 없어요. 도대체 무슨 일이 있었을까요?

낙타에게 물어보니 그냥 먼 산만 바라보네요.

아무에게도 말하고 싶지 않은 일이 있었나 봅니다.

어떤 일이었을까요? 여러분이 상상해서 써 보세요.

　

　

　

　

　

　

　

　

낙타에게 이 이야기를 들려주면 낙타가 뭐라고 할까요?

고개를 끄덕일까요, 아니면 화를 낼까요?

12월 17일   요일

신호등

어떤 꼬마 아이와 여러분이 함께 신호등 앞에 서 있다고 생각해 봐요.
신호등은 빨간불입니다. 그런데 한참을 기다렸는데도 신호등이 파란불로
바뀌지 않아요. '혹시 고장 났나?' 하고 초조해하는데, 그 꼬마 아이가 말해요.
"차도 오지 않고 아무도 안 보는데 그냥 횡단보도 건너가면 안 돼요?"
자, 여러분은 어떻게 대답하겠어요? 아래에 써 보세요.
그리고 그렇게 대답한 이유도 함께 써 보세요.

나의 대답

횡설수설 시

12월 18일   요일

아래 시가 재미있는 것은 횡설수설 시이기 때문이죠.
처음에는 그대로 읽어 보세요. 웃음이 나오죠? 이번에는 어디가 잘못되었는지 찾아보며 다시 읽어 보아요. 그리고 여러분도 '이상한 꿈을 꾸었어.'로 시작하는 횡설수설 시를 써 보세요.

이상한 꿈을 꾸었어.
학교에 가려고 일어났는데 밤이 아닌 아침이야.
아직 학교 갈 때가 안 된 거지.
그래서 밖에 나가 놀았어.
해가 가로등보다 더 밝아서
쳐다보고 있다가는 귀가 멀 것 같았지.
멍멍이는 야옹거리며 내 뒤를 따르고
야옹이는 멍멍거리며 멍멍이 뒤를 따랐어.
그런데 갑자기 엄마가 밥 먹으라고
지붕에서 부르는 거야.
그래서 사다리를 놓고 내려갔더니
세상에서 못 보던 맛있는 신발들이 가득 차려져 있었는데
나를 보더니 잡아먹겠다고 쫓아오는 거야.
무서워 도망쳤는데 그게 바로 내 침대였어.
그래서 나는 다시 잠을 잤지.
집에 갈 때까지 푹 잤어.

12월 19일   요일

도깨비 감투

옛이야기 속에 나오는 도깨비들은 모습을 감출 수 있는 신기한 감투를 가지고 있습니다. 그 감투를 쓰면 투명 인간처럼 사람들에게 안 보이게 됩니다. 그런데 게으른 도깨비 하나가 여러분에게 나타나 감투를 빌려주겠대요. 그 대신 감투를 쓰고 다니며 벌어지는 재미난 일들을 나중에 이야기해 달래요. 어떤 일들이 펼쳐질까요?

도깨비에게 얘기를 해 준다 생각하고 여기 적어 보세요.

산타클로스

12월 20일   요일

여섯 살배기 어린 동생이 산타클로스가 진짜 있느냐고 물어봤어요. 아무래도 산타클로스가 아니라 엄마 아빠가 선물을 주신 것 같다고, 산타클로스가 진짜 있다면 왜 한 번도 만나지 못한 거냐고 물어요. 여러분은 어떻게 대답해 주고 싶은가요?
산타클로스는 전 세계의 그 많은 어린이에게 어떻게 선물을 전해 주는지, 내가 갖고 싶은 선물이 무언지 어떻게 알고 가져다주는지, 우는 아이는 정말 선물을 못 받는지…….
동생이 산타클로스를 의심하지 않도록 자세히 이야기해 주세요.

12월 21일   요일

송구영신

한 해의 마지막인 12월은 송구영신의 달입니다.
'송구영신(送舊迎新)'은 묵은해를 보내고 새해를 맞이한다는 뜻입니다.
송구영신이란 낱말을 가지고 사행시를 지어 볼까요? 송구영신의 의미를 음미할 수 있도록 만들어 보세요.

송
구
영
신

한 번 더 해 보아요.

송
구
영
신

잘 가, 올해야~

어서 와, 새해야~

12월 22일		요일

이즈음에 '동지'가 있을 거예요.

동짓날에는 팥죽을 끓여 먹는데, 왜 그럴까요?

그리고 동지를 '작은설'이라고도 하는데, 왜 그럴까요?

동지의 풍속에 관한 여러 자료를 찾아 정리해 보세요.

여러분은 동지에 팥죽을 먹고 싶은가요?

팥죽 대신 먹고 싶은 게 있다면 어떤 거죠?

12월 23일   요일

속담

한 우물만 파라

무슨 뜻일까요? 예전에는 수도 시설이 없어 우물을 파야 먹을 물을 얻을 수 있었습니다. 그런데 우물을 여기 팠다 저기 팠다 하면 하나도 성공하기 힘들어 결국 물을 못 얻고 맙니다. 즉, 이 말은 어떤 일이든 끈기를 가지고 끝까지 밀어붙이라는 뜻을 담고 있어요.

한 해를 돌이켜 보면 열심히 노력했지만 한 우물만 파지 않아 흐지부지되었던 일이 있을 거예요. 그때 일을 글로 써 보세요. "다음부터는 한 우물만 파야지!"로 끝내세요.

깜짝 이벤트

12월 24일   요일

오늘은 사랑하는 가족이나 친한 친구를 위해 깜짝 이벤트를 준비해 봐요. 크리스마스를 기리지 않더라도 사랑과 우정을 보여 주는 이벤트를 준비한다면, 겨울도 춥지만은 않겠죠?
작은 카드나 선물도 좋지만, 아주 거창하고 떠들썩한 이벤트를 계획해 여기 적어 보아요.

메리 크리스마스!

12월 25일   요일

크리스마스를 어떻게 보냈나요?

혼자 쓸쓸히 보냈나요? 아니면 가족과 함께, 혹은 친구들과 함께 즐겁게 보냈나요? 날씨는 어땠죠? 눈이 하얗게 쌓인 화이트 크리스마스였나요? 오늘은 크리스마스 일기를 써 보세요. 일기 내용이 크리스마스트리처럼 화려하고 반짝거렸으면 좋겠네요.

12월 26일   요일   감상

시간들

채인선

여러 시간들이 너를 기다리고 있어

잠잘 시간

깨어나 놀 시간

칠흙같이 깜깜한 시간

대낮처럼 밝은 시간

고요한 시간

떠들썩한 시간

행복한 시간

칼과 뿔처럼 아픈 시간

헤아릴 수 없이 많은 시간

모두 다 다른 시간

너만의 시간

그 시간들이 너를 기다리고 있어

《세상 모든 것들이 너를 기다리고 있어》, 한울림

> 우리를 기다리고 있는 시간들이 다 행복하지는 않겠지만, 그래서 더 소중한 자기만의 시간이 될 수 있음을 느끼며 시를 읽어 봅시다.

12월 27일   요일

올 한 해를 색깔로 나타낸다면 어떤 색깔일까요? 무지개색? 아니면 밝은 파란색? 감색? 흰색? 다음 해는 어떤 색깔의 해가 되면 좋을까요? 이번 해는 왜 그런 색깔이라고 생각하는지, 그리고 다음 해의 색깔은 왜 그렇게 정했는지 적어 보세요.

올해의 색

내년의 색

올해의 책

12월 28일　　　요일

올해 읽은 책 중에서 가장 멋진 책을 딱 한 권 고른다면 어떤 책인가요? 다시 읽고 싶고, 오래 간직하고 싶은 책, 친구에게 빌려주고 싶은 책은 어떤 책이죠?
사람들에게 그 책을 소개하는 글을 써 보세요.

제목

지은이

출판사

내용

추천하는 까닭

12월 29일   요일

올해 나에게 일어난 커다란 변화 다섯 가지만 생각해 볼까요?
새 학교로 전학 온 것, 팬클럽에 들어간 것, 안경을 쓰게 된 것, 또 긴 머리를 짧게 자른 것도 되겠고, 아니면 마음의 변화도 좋겠죠. 친구가 왜 좋은지 알게 된 것, 또는 부모님을 좀 더 이해하게 된 것 등등.
올해 무슨 일이 있었는지 조용히 떠올려 보는 시간도 되겠죠?

올해 나에게 일어난 커다란 변화

1.

2.

3.

4.

5.

감사의 편지

12월 30일   요일

부모님 말고 나에게 많은 것을 베풀어 준 사람,
고마움을 느끼는 사람에게 마음이 담긴 감사의 편지를 써 보세요.
오늘 써서 내일 부쳐야 해요. 아니면 내일 직접 전해 주세요.
감사하는 마음은 꼭 표현해야 합니다. 그러지 않으면 고마움을 잊기 쉬우니까요.

_____ 께

12월 31일　　　요일

한 해 동안 있었던 기분 상하는 일, 불운했던 일, 안 좋았던 기억,
야단맞은 일, 나의 실수 등을 모두 끌어내 망각의 솥에 넣고 푹푹 끓입시다.
마음의 짐이 되는 일들은 망각의 솥에 적어 모두 잊어버리고
새해에는 가벼운 마음으로 새롭게 출발해요!

망각의 솥

365 글쓰기 주제표

일\월	1월	2월	3월	4월	5월	6월
1	새해 계획	짧은 달	삼일절	거짓말	근로자의 날	감상
2	글을 쓰는 것	책	입학식	속담	가정	독자
3	나는 누구?	기억	촉감	봄 편지	발톱과 이빨	단오
4	속담	입춘대길	사실과 진실	나 자신	가훈	비밀
5	친구의 조건	설날 노래	두려움	식물	감상	환경
6	염소	여러 번 읽은 책	봄 이야기	이야기 짓기	토끼와 다람쥐	애국
7	안 돼!	행복과 불행	감상	건강	어머니 이야기	부모가 되면
8	갈릴레이	주문	여성의 날	이름	부모님 은혜	화
9	감정	동사	시	천자문	아버지 이야기	화 길들이기
10	감상	슬픔	얼룩말	숫자	서평 쓰기	졸음
11	요일	그림	잔소리	살아 있다는 것	입양	타조
12	탐욕	졸업	안락사	성격	봄꽃	성장
13	여자 남자	글쓰기 재료	칭찬과 꾸중	임시 정부	꽃과 의미	알아맞히기
14	짧은 시	고백	이심전심	공간	감상	인생의 선물
15	감상	감상	감상	감상	선생님	감상
16	꿈	사건	상상	문체	괴로움	초여름 시
17	사람과 색	고래	인생은	사이	수호 동물	형제와 친구
18	새로 배운 것	착각	심청	호기심	속담	나의 집
19	낙서	우수	글로 쓴 지도	낱말과 색	발명	마음 구름
20	이야기 짓기	자기 암시	일기	장애	성년	감상
21	힘들었던 때	닮은 점	봄 낱말	과학 기사	부부	작가에게
22	결심	끈기	물 절약	판결문	가정의 필요성	가장 긴 날
23	텔레비전	짐 꾸리기	봄 날씨	책의 반란	한 시간	이야기 짓기
24	감동	끝말잇기	새 친구	기쁨	자비	재능
25	태어난 이유	광고	희망	법	감상	전쟁
26	낙원	감상	수수께끼	존경	로봇의 혈액형	통일
27	짝짓기	속담	요구	두더지	머피의 법칙	어린이
28	기억나는 구절	동전 던지기	이달의 책	비유	미치광이 글쓰기	제안
29	말실수	4년에 한 번	행복한 가정	감상	급식	평화
30	편지		나무 타령	새로운 생각	5월	속담
31	선행		똥		바다	

월 일	7월	8월	9월	10월	11월	12월
1	여름	여름밤의 추억	독서의 계절	군대	비 오는 날	마무리
2	감상	작품 속 친구	감상	노인	손	종교와 과학
3	그다음	본성	친구의 말	개천절	라이카	노력
4	고민	최고의 친구	뜻깊은 일	날다람쥐	나의 사전	이야기 짓기
5	지혜	즐거운 모험	친구는 외계인	가을 과일	감상	물건 팔기
6	주인공과 나	위험한 모험	책을 내는 이유	날씨와 성격	웃음	설렘
7	더위와 추위	감상	하루 점수	아름다움	따뜻한 선물	예티
8	장난감 병정	가을	어린이 어른	이야기 짓기	나무늘보	감상
9	소지품	의지	걱정	용비어천가	신문 기사	별명
10	공감	요리	병아리	맹세	정성	충고
11	미래의 작가	몸이 하는 말	용서	외로움	속담	음악
12	인연	죽음	차례상	속담	예술	과거와 미래
13	부모님	펭귄	만화책	배움	피부색	시험
14	이야기 짓기	질투	오리너구리	가을의 고독	반성문	우화 쓰기
15	감상	자유	감상	감상	감상	감상
16	시험 끝	별자리 운세	아이디어	성공	소원	낙타
17	가정의 법	감상	창작	역할	경청	신호등
18	직업	의태어	보물 상자	친구	꾸밈말 끝말잇기	횡설수설 시
19	거북이	독립	이모티콘	진실한 문장	케네디	도깨비감투
20	방학	하루	해몽	팬레터	글이 안 써질 때	산타클로스
21	공상	한 문장	지구	사춘기	직업과 인생	송구영신
22	방학 숙제	부자	강강술래	부모님 싸움	이별 편지	팥죽
23	괴담	수수께끼	운명	서리	좋은 문구	속담
24	빨래	작가	결혼	수호천사	콤플렉스	깜짝 이벤트
25	여름 채소	속담	세 가지 배	열두 달	감상	크리스마스
26	속담	감상	유혹	가상 현실	마음의 크기	감상
27	음식	개학	노동	감상	노벨상	올해의 색
28	체험	최초의 기억	상실감	예감	인생의 모델	올해의 책
29	감상	화해	세대 차이	낙엽	얼굴	변화
30	여행	역사	감상	저축	천재성	감사의 편지
31	복제	여름과 가을		독서		망각의 솥

지은이_채인선

1962년 강원도 함백에서 태어나 성균관대학교에서 불문학을 공부했습니다. 사전을 만드는 편집자로 일하다가 어린이책 작가가 되었습니다. 《내 짝꿍 최영대》와 《손 큰 할머니의 만두 만들기》, 《아름다운 가치 사전》 같은 책들로 오랫동안 어린이와 어른 독자들에게 꾸준히 사랑받아 왔습니다. 그 밖에도 그림책, 동화책, 교양서, 실용서, 국어사전에 이르기까지 여러 분야에 걸친 어린이책을 꾸준히 펴내고 있습니다.

그린이_정우열

'올드독'이라는 캐릭터로 널리 알려진 그림 작가입니다. 〈노견일기〉 시리즈, 《올드독의 맛있는 제주일기》, 《꼬불꼬불 나라의 정치 이야기》 등 여러 책을 펴냈습니다.

그린이_권윤주

'스노우캣'이라는 캐릭터로 널리 알려진 그림 작가입니다. 《스노우캣의 내가 운전을 한다》, 《스노우캣의 혼자 놀기》, 《그림놀기》, 《꼬물꼬물 역사 이야기》 등 여러 책을 펴냈습니다.

동화 작가 채인선의 하루 한 장
글쓰기 처방전

ⓒ 채인선·정우열·권윤주, 2016
초판 1쇄 발행 2016년 2월 18일 | 초판 8쇄 발행 2023년 1월 24일 | ISBN 979-11-5836-020-7

펴낸이 임선희 | 펴낸곳 ㈜책읽는곰 | 출판등록 제2017-000301호
주소 서울시 마포구 성지1길 43 | 전화 02-332-2672~3 | 팩스 02-338-2672
홈페이지 www.bearbooks.co.kr | 전자우편 bear@bearbooks.co.kr | SNS twitter.com/bearboook

만든이 우지영, 우진영, 김나연, 최아라, 연혜진 | 꾸민이 김태우, 신수경, 김지은, 김세희 | 가꾸는이 정승호, 고성림, 전지훈, 김수진, 백경희, 민유리 | 함께하는 곳 이피에스, 두성피앤엘, 월드페이퍼, 해인문화사, 으뜸래핑, 도서유통 천리마

이 책은 저작권법에 따라 보호받는 저작물이므로 무단 전재와 무단 복제를 금합니다.
이 책 내용의 전부 또는 일부를 사용하시려면 반드시 저작권자와 출판사의 동의를 얻어야 합니다.

이 책에 인용된 일부 작품의 저작권은 작가에게 있습니다. 한국문예학술저작권협회와 해당 출판사를 통해 재사용 동의를 받았으며, 저작권자를 찾지 못한 경우는 확인하는 대로 정식 동의 절차를 밟겠습니다.

글쓰기 싫은 날 붙여요. 단, 한 달에 한 번!

  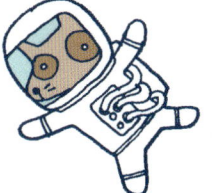